北京市哲学社科规划项目：北京企业低碳运营
北京市哲学社科规划项目：17JDGLB011
中央高校基本科研业务费：FRF-BD-18-008A

U0593244

京津冀
循环经济发展报告
（2018）

朱晓宁 编著

北京企业低碳运营战略研究基地

JINGJINJI

XUNHUAN JINGJI FAZHAN BAOGAO

（2018）

中国财经出版传媒集团

经济科学出版社

Economic Science Press

图书在版编目（CIP）数据

京津冀循环经济发展报告.2018年/朱晓宁编著.—北京：经济科学出版社，2019.7

ISBN 978－7－5218－0701－1

Ⅰ.①京…　Ⅱ.①朱…　Ⅲ.①循环经济-区域经济发展-研究报告-华北地区-2018　Ⅳ.①F127.2

中国版本图书馆CIP数据核字（2019）第148572号

责任编辑：申先菊　赵　悦
责任校对：隗立娜
责任印制：邱　天

京津冀循环经济发展报告（2018年）
朱晓宁　编著
经济科学出版社出版、发行　新华书店经销
社址：北京市海淀区阜成路甲28号　邮编：100142
总编部电话：010-88191217　发行部电话：010-88191522
网址：www.esp.com.cn
电子邮件：esp@esp.com.cn
天猫网店：经济科学出版社旗舰店
网址：http://jjkxcbs.tmall.com
北京季蜂印刷有限公司印装
710×1000　16开　13.25印张　240 000字
2019年7月第1版　2019年7月第1次印刷
ISBN 978－7－5218－0701－1　定价：78.00元
（图书出现印装问题，本社负责调换。电话：010－88191510）
（版权所有　侵权必究　打击盗版　举报热线：010－88191661
QQ：2242791300　营销中心电话：010－88191537
电子邮箱：dbts@esp.com.cn）

当前，在经济全球化和区域一体化趋势不断加强的大背景下，我国已将京津冀协同发展上升到国家战略层面。近年来，党中央、国务院更是不断强调推进京津冀区域协调发展的重要性，努力加快京津冀新型城镇化步伐，建设城市群，优化京津冀区域经济、社会、人口、空间结构，改善生态环境，大力推进京津冀地区经济协调发展，促使其成为我国经济发展新引擎，支撑和引领我国经济社会发展。全面建成小康社会、实现民族伟大复兴就要抓好京津冀地区协调发展这一重要战略举措。

本书正是在这样的背景下对京津冀循环经济和城镇化发展情况进行了研究。本书分为五篇，第一篇为京津冀基本情况综述，首先本书对京津冀的主要城市的基本情况进行了简要的说明，并总结了近年来地方政府在推进京津冀协同发展的主要政策。随后，从生态发展、资源循环经济、产业循环经济三个方面选取了相关指标对京津冀循环经济发展情况进行综述，并从人口城镇化、经济城镇化、社会城镇化三个方面选取了相关指标对城镇化发展情况进行综述。第二篇从地区和企业两个层面详尽整理了京津冀循环经济发展示范试点等情况。第三篇基于京津冀区域发展现状及城镇化相关理论，建立了京津冀地区城市发展平衡模型及评测指标体系，进行实证分析，找出主要制约因素。在第四篇本书建立了城镇化与循环经济协同模型，构建城镇化与循环经济综合评价指标体系，分析城镇化与循环经济协同发展程度。第五篇对京津冀城镇化与循环经济协同发展提出了建议，并对主要政策进行了汇编整理。

本书是北京市哲学社科规划项目及中央高校基本科研业务费的研究成果，

主要内容由朱晓宁副教授撰写完成，北京科技大学许天星、王瑶、张旭、付飞翔负责部分章节的校对和修改工作，在此一并表示感谢！

朱晓宁

2018 年 12 月 31 日

目 录
CONTENTS

第二篇 京津冀循环经济发展示范试点 / 89

第一篇　综述

第一章 京津冀循环经济研究背景及文献综述

近年来，作为我国三大城市群之一的京津冀城市群，受到了越来越多的重视。京津冀地区地处我国环渤海中心地带，是继长江三角洲、珠江三角洲之后，我国又一个最具活力的经济增长极，被公认为是中国经济发展的"第三极"。同时，该区域也是我国北方最大和发展水平最高的经济核心区域。

2010 年 10 月，《中华人民共和国国民经济和社会发展第十二个五年规划纲要》明确指出：优化城市化布局和形态，加强城镇化管理，不断提升城镇化的质量和水平。2011 年 3 月，提交十一届全国人大四次会议审查的国家"十二五"规划纲要草案提出，推进京津冀区域经济一体化发展，"打造首都经济圈"。① 2013 年 5 月，习近平总书记在天津考察时指出，"要谱写新时期社会主义现代化的京津'双城记'"。同年，习近平总书记在北戴河主持研究河北发展问题时，提出要推动京津冀协同发展。②

2014 年 2 月 26 日，习近平总书记在北京主持召开京津冀协同发展座谈会时强调将京津冀协同发展提升为国家战略。提出要增强推进京津冀协同发展的自觉性、主动性、创造性。指出实现京津冀协同发展，是面向未来打造新的首都经济圈、推进区域发展体制机制创新的需要，是探索完善城市群布局和形态、为优化开发区域发展提供示范和样板的需要，是探索

① 中国政协网. 打造首都经济圈——代表委员建议京津冀加强合作［EB/OL］. (2011 - 03 - 08)［2019 - 5 - 10］. http：//www. cppcc. gov. cn/2011/10/12/ARTI1318404940156651. shtml.

② 新华网. 十八大以来，习近平这样谋划京津冀协同发展［EB/OL］. (2017 - 04 - 14)［2019 - 5 - 10］. http：//www. xinhuanet. com//politics/2017 - 04/14/c_1120812515. htm.

生态文明建设有效路径、促进人口经济资源环境相协调的需要，是实现京津冀优势互补、促进环渤海经济区发展、带动北方腹地发展的需要。① 随后，李克强总理在作政府工作报告时指出，加强环渤海及京津冀地区经济协作。②

2015 年 2 月，习近平总书记在主持召开中央财经领导小组第九次会议时指出：疏解北京非首都功能、推进京津冀协同发展，是一个巨大的系统工程。目标要明确，通过疏解北京非首都功能，调整经济结构和空间结构，走出一条内涵集约发展的新路子，探索出一种人口经济密集地区优化开发的模式，促进区域协调发展，形成新增长极。思路要明确，坚持改革先行，有序配套推出改革举措。方法要明确，放眼长远、从长计议，稳扎稳打、步步为营，锲而不舍、久久为功。③

中共中央政治局 2015 年 4 月 30 日召开会议，审议通过《京津冀协同发展规划纲要》。会议指出，推动京津冀协同发展是一个重大国家战略，要在京津冀交通一体化、生态环境保护、产业升级转移等重点领域率先取得突破。④ 2015 年 6 月，中共中央、国务院印发《京津冀协同发展规划纲要》，确定了"功能互补、区域联动、轴向集聚、节点支撑"的布局思路，描绘了京津冀协同发展的宏伟蓝图。⑤

2016 年 2 月，《"十三五"时期京津冀国民经济和社会发展规划》印发实施，这是全国第一个跨省份的区域"十三五"规划，把京津冀作为一个区域整体统筹规划，在城市群发展、产业转型升级、交通设施建设、社会民生改善等方面一体化布局，努力形成京津冀目标同向、措施一体、优

① 新华网."平语"近人——习近平解题京津冀协同发展［EB/OL］.（2017 - 02 - 24）［2019 - 5 - 10］. http：//www. xinhuanet. com/politics/2017 - 02/24/c_1120521126. htm.

② 新华网. 李克强：增强内需拉动经济的主引擎作用［EB/OL］.（2014 - 03 - 05）［2019 - 5 - 10］. http：//www. xinhuanet. com/politics/2014 - 03/05/c_119614155. htm.

③ 人民网. 中央财经领导小组会：审议研究京津冀协同发展规划纲要［EB/OL］.（2015 - 02 - 10）［2019 - 5 - 10］. http：//bj. people. com. cn/n/2015/0210/c82837 - 23862951. html.

④ 人民网. 习近平解题"京津冀一体化"：加强顶层设计推动协同发展［EB/OL］.（2015 - 05 - 15）［2019 - 5 - 10］. http：//cpc. people. com. cn/xuexi/n/2015/0505/c385475 - 26952132. html.

⑤ 新华网. 开辟高质量发展的光明前景——以习近平同志为核心的党中央谋划推动京津冀协同发展五周年纪实［EB/OL］.（2019 - 02 - 25）［2019 - 5 - 10］. http：//he. people. com. cn/n2/2019/0226/c192235 - 32683845. html.

势互补、互利共赢的发展新格局。①

2016 年 3 月 18 日，习近平总书记听取北京冬奥会、冬残奥会筹办工作情况汇报时指出，要把筹办冬奥会、冬残奥会作为推动京津冀协同发展的重要抓手，下大气力推动体制创新、机制创新、管理创新和政策创新，推动交通、环境、产业等领域协同发展先行先试，重点突破，以点带面，为全面实施京津冀协同发展战略起到引领作用。要发挥北京冬奥会、冬残奥会筹办对城市发展的促进作用，落实首都城市战略定位，进一步发挥北京对京津冀区域发展的辐射带动作用。②

2016 年 3 月 24 日，习近平主持召开中央政治局常委会会议，审议并原则同意《关于北京市行政副中心和疏解北京非首都功能集中承载地有关情况的汇报》。2017 年 4 月 1 日，中共中央、国务院决定设立河北雄安新区。这一"千年大计"令举世瞩目。③ 2017 年 10 月，习近平总书记在党的十九大报告中强调，以疏解北京非首都功能为"牛鼻子"推动京津冀协同发展，高起点规划、高标准建设雄安新区。④

2017 年 5 月 23 日，中央全面深化改革领导小组第三十五次会议指出，在京津冀及周边地区开展跨地区环保机构试点，要围绕改善大气环境质量、解决突出大气环境问题，理顺整合大气环境管理职责，探索建立跨地区环保机构，深化京津冀及周边地区污染联防联控协作机制，实现统一规划、统一标准、统一环评、统一监测、统一执法，推动形成区域环境治理新格局。⑤

2018 年 9 月 21 日，国家发展改革委强调以"五个新突破"为抓手推

---

① 新华网. 京津冀"十三五"规划印发 [EB/OL]. (2016 - 02 - 16) [2019 - 5 - 10]. http：//www. xinhuanet. com/politics/2016 - 02/16/c_128721274. htm.

② 新华网. 习近平听取北京冬奥会冬残奥会筹办工作情况汇报 [EB/OL]. (2016 - 03 - 18) [2019 - 5 - 10]. http：//www. xinhuanet. com/politics/2016 - 03/18/c_1118378932. htm.

③ 新华网. 习近平指导京津冀协同发展这几年 [EB/OL]. (2017 - 09 - 25) [2019 - 5 - 10]. http：//www. xinhuanet. com/politics/2017 - 09/25/c_1121717220. htm.

④ 人民网. 三评雄安之三：新篇章，抓住"牛鼻子"大展宏图 [EB/OL]. (2018 - 04 - 03) [2019 - 5 - 10]. http：//opinion. people. com. cn/n1/2018/0403/c1003 - 29905289. html.

⑤ 新华网. 习近平主持召开中央全面深化改革领导小组第三十五次会议 [EB/OL]. (2017 - 05 - 23) [2019 - 5 - 10]. http：//www. xinhuanet. com/2017 - 05/23/c_1121023088. htm.

进京津冀协同发展，推进落实京津冀协同发展重点任务。①

2019 年 1 月，习近平总书记主持召开京津冀协同发展座谈会并发表重要讲话时强调，要从全局的高度和更长远的考虑来认识和做好京津冀协同发展工作，增强协同发展的自觉性、主动性、创造性，保持历史耐心和战略定力，稳扎稳打，勇于担当，敢于创新，善作善成，下更大气力推动京津冀协同发展取得新的更大进展。②

这一系列国家层面的战略思想、战略目标，无疑对京津冀地区提供了重大战略机遇。京津冀地区的协同发展，承载着带动华北乃至中国未来持续发展的重任。

一、研究目的及意义

京津冀地区一体化是实现我国区域协调发展的有力保障，也是带动中国经济发展的第三大引擎。京津冀地处环渤海经济区腹心，是连接东北亚的核心枢纽。作为北方重要的核心经济带，京津冀地区拥有丰富的天然资源、优越的地域条件、发达的核心经济区，而且开放水平高，创新能力强，工业发展成熟。此外，该区域拥有北京、天津两大直辖市，一个副省级市石家庄，10 个地级市和 23 个县级市。特别是北京的首都功能，更使得该区域在引领我国经济增长和转型升级方面发挥重要带动作用。

当前，在经济全球化和区域一体化趋势不断加强的大背景下，我国已将京津冀协同发展上升到国家战略层面。近年来，党中央、国务院更是不断强调推进京津冀区域协调发展的重要性，努力加快京津冀新型城镇化步伐，建设城市群，优化京津冀区域经济、社会、人口、空间结构，改善生态环境，大力推进京津冀地区经济协调发展，促使其成为我国经济发展新引擎，支撑和引领我国经济社会发展。全面建成小康社会、实现民族伟大复兴就要抓好京津冀地区协调发展这一重要战略举措。

---

① 新华网. 国家发改委：以"五个新突破"为抓手推进京津冀协同发展［EB/OL］.（2018 - 09 - 21）［2019 - 5 - 10］. http：//www. xinhuanet. com/2018 - 09/21/c_1123468297. htm.

② 人民日报. 推动京津冀协同发展取得新的更大进展——解读习近平总书记在京津冀协同发展座谈会上的重要讲话［EB/OL］.（2019 - 01 - 20）［2019 - 5 - 10］. http：//paper. people. com. cn.

京津冀地区在经济发展方面成绩是有目共睹的。根据北京市统计局资料显示，2013年，京津冀地区生产总值首次突破6万亿元，达6.2万亿元，占全国的10.9%；2016年，京津冀地区生产总值合计7.5万亿元，占全国的10%；2017年，京津冀地区生产总值合计8.3万亿元；2018年，京津冀三地地区生产总值合计8.5万亿元。京津冀地区生产总值对全国贡献近几年始终处在10%左右，对国家经济发展起到很大贡献作用。从产业结构来看，2018年京津冀地区三次产业构成为4.3:34.4:61.3，其中第三产业比重比上年提高1.2个百分点。其中，北京第三产业占比为81.0%，天津占比为58.6%，河北占比为46.2%。

从各省份来看，根据国家统计局资料显示，从2000年到2014年，天津市地区生产总值增速百分比均达到两位数。2009—2014年，GDP总量近乎翻倍。在2008年，天津市地区生产总值增长率位列全国第一，地区生产总值增量突破1 000亿元；2010年，天津滨海新区的经济总量超过浦东新区；2011年，天津地区生产总值总量首次超过1万亿元，达到1.15万亿元；2013年，天津市地区生产总值总量位列全国第五。天津市地区生产总值增长在前些年间都保持了中国省级行政区的前列。虽然近几年天津市地区生产总值增长速度有所减缓，但其经济实力依然强大，地区生产总值总量仍然位于全国城市前列。2009—2011年，河北省地区生产总值增速也超过两位数，虽然近几年增速有所减缓，但是每年增速仍然保持在6.5%以上。河北省产业结构由2012年的11.9:52.9:35.2优化调整为2018年的9.3:44.5:46.2。第一产业、第二产业占比逐年降低，第三产业占比逐年提升。2014年，服务业对经济增长的贡献率超过第二产业，成为拉动经济增长的首要力量。2016年，装备制造业占工业比重超过钢铁，改写了"一钢独大"的历史。2018年河北省服务业比重首次超过第二产业，对经济增长的贡献率达到65.5%。无论是从比重、增速，还是对经济增长的贡献率都全面超过了第二产业。河北省近几年正在着力推动转型升级、动力转换和质量提升，经济运行稳中有进、稳中向好。① 北京市经济发展状况一直处于全国前列。北京市产业结构情况值得关注。2016年开始，第三产业比重超过80%。2016

---

① 资料来源：国家统计局、河北省国民经济和社会发展统计公报。

年北京服务业增加值 2 万亿元，占 GDP 比重 80.3% 。北京成为全国唯一一个服务业占比超过 80% 的省份，服务业对经济增长贡献近 90% 。2018 年北京经济总量首次超过 3 万亿元，比上年增长 6.6% 。北京人均 GDP 超过 2 万美元，已达到发达经济体标准。① （见图 1-1~图 1-3）

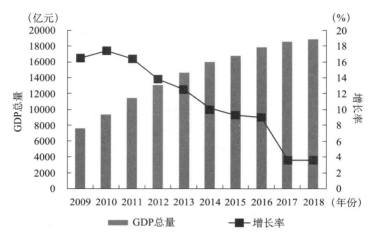

图 1-1 天津市 2009—2018 年地区生产总值总量及增速

资料来源：天津市国民经济和社会发展统计公报。

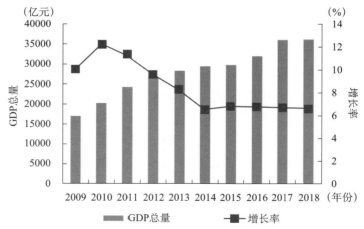

图 1-2 河北省 2009—2018 年地区生产总值总量及增速

资料来源：河北省国民经济和社会发展统计公报。

---

① 资料来源：国家统计局。

在经济发展稳中有进的同时，京津冀地区正面临着巨大的环境压力，经济快速发展所带来的副作用正在凸显。以大气状况为例，相关报告显示京津冀地区空气质量远低于全国平均水平。大气污染一直是困惑京津冀地区的一大难题。2018年，据《中国环境状况公报》统计按照环境空气质量综合指数评价，环境空气质量相对较差的10个城市中，京津冀地区6个城市赫然在列。京津冀地区13个城市优良天数比例范围为38.9% ~ 79.7%，平均仅为56.0%。平均超标天数比例为44.0%，其中轻度污染为25.9%，中度污染为10.0%，重度污染为6.1%，严重污染为2.0%。8个城市优良天数比例在50% ~ 80%，5个城市优良天数比例低于50%。严重影响民众的日常出行和身体健康。

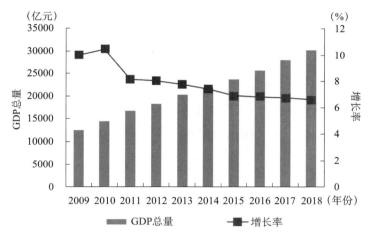

图1-3　北京市2009—2018年地区生产总值总量及增速

资料来源：北京市国民经济和社会发展统计公报。

除此之外，京津冀区域的城镇化发展存在严重不平衡问题，京、津两市城镇化水平高，已处于优化提升阶段，河北省各地级市城镇化发展水平还处于相对落后阶段，这种局部区域城镇化水平低、差距大、速度慢将严重制约京津冀一体化区域经济的发展。此外，京津冀地区还存在资源利用率低、发展不均衡、雾霾和沙尘暴频发的现状，致使该地区生态环境的压力越来越大。

本书正是基于以上情况对京津冀循环经济和城镇化发展情况进行了研究，对涉及的相关指标数据进行了详细分析与总结。从生态发展、资源循环经济、产业循环经济三个方面对京津冀循环经济发展情况进行综述，从人口城镇化、经济城镇化、社会城镇化三个方面对城镇化发展情况进行综述。并在此基础之上对京津冀协同发展情况进行了总结，详尽整理了京津冀循环经济发展示范试点等情况。基于京津冀区域发展现状及城镇化相关理论，建立了京津冀地区城市发展平衡模型及评测指标体系，进行实证分析，找出主要制约因素。

除此之外，本书还建立了城镇化与循环经济协同模型，构建城镇化与循环经济综合评价指标体系，分析城镇化与循环经济协同发展程度。在此基础之上，对京津冀协同发展提出建议。

二、文献综述

（一） 城镇化问题

城镇化是指一个国家或地区随着社会生产力的发展、科学技术的进步和产业结构的调整，农村人口不断转移到城镇，第二、第三产业不断聚集到城镇的历史过程。城镇化是各个国家在实现工业化和现代化的一种载体，是人类进步和社会经济发展的必由之路。

1. 国外研究综述

"城镇化"一词首次出现是在塞尔达尔《城市化基本理论》这一著作中。文中指出城镇化是人口生产要素不断向城市聚集，乡村向城市转变的过程。1858 年，马克思指出"现代的历史是乡村城市化"。自此以后，来自众多领域的西方学者，基于不同的研究需要与视角，围绕城镇化的概念、模式、动力机制、发展规律等多方面展开剖析，对城乡经济、文化、环境、资源合理配置等提出了重要的发展要求，对人口合理分布进行了探索，形成了内容丰富的城镇化研究理论。另外，国外学者也从多方面对中国城镇化问题进行了研究，研究视角主要集中在中国城镇化的发展过程、动力机制、中国政府的作用以及全球背景下的中国城镇化发展等内容。国外学者对城镇化问题的研究主要集中在以下四个方面：

（1）城镇化的基本理论研究

①区位城镇化理论。国外对于城镇化的研究源于区位理论的发展。该理论从地理、市场、要素等区位角度对城镇化发展的规律进行阐述。区位理论明确了城市效益的根本来源，使城市的分布形式和状态得到确定。区位理论由农业区位论开始，逐渐又产生了工业区位论、市场区位论、城市区位论等。近代区位论是由德国经济学家杜能创立的，杜能提出农业区位论，首次利用抽象法建立农业区位的理论模式，即以城市为中心，由内向外呈同心圆状分布的农业地带，因其与中心城市的距离不同而引起生产基础和利润收入的地区差异[1]。马克思认为，资本力求使一切事物服从尽量少损耗时间这道无上的命令，从而导致了城市区位结构不断突破，克服自己存在的现有空间界限[2]。奥古斯特·勒施认为，工业区位应该选择在能够获得最大利润的市场地域，销售范围的选择对是否能够实现利润最大化起着至关重要的作用，影响因素不仅包括其他相关经济体，还包括消费者的特征和厂商的有效供给，在最大利润得到实现时，空间区位达到均衡，最佳的空间范围是正六边形[3]。

②城乡结构转换理论。该理论是以农村人口向城市转移为出发点，对城镇化发展规律进行阐述，总结了影响农村人口向城市转移的影响因素，包括城乡结构的迁移、城乡二元经济的出现与发展、生产要素的迁移、就业人口的结构转换等。刘易斯认为，传统农业的产量会随着土地质量长期使用后的不断下降而持续下降，直到边际生产率降为零，从事农业生产的农民就会转变为剩余劳动力，大量的剩余劳动力就会向其他地区转移并转变行业，即客观上推动城镇化[4]。大多数学者认为，产业结构的转换是城镇化发展的最基本动力，这一规律同样适应中国城市的发展。

③非均衡发展理论。该理论从发展先后差异的角度来讨论城镇化的发展规律。冈纳·缪尔达尔认为，经济发展过程在空间上并不是同时产生和均匀扩散的，而是从一些条件较好的地区开始，即存在空间上的发展不均，强调了差异的重要性[5]。

④协调发展理论。该理论主要从生态环境角度研究城镇化的进程，强调城镇化的发展不能以牺牲环境为代价，而是两者协调发展。美国学者沙菲认为，对化石燃料的依赖是世界陷入危机的一个重要因素[6]。

（2）城镇化动力机制理论研究

西方经济学家对城镇化演进动力机制理论的研究开始的较早，主要研究内容可总结概括为以下三点：

①分工演进的城镇化论。该理论是由古希腊哲学家柏拉图和色诺芬最早在研究劳动分工的基础上提出的，认为人口的集中促使人们对专业化和劳动分工及交换产生需求，这些需求促进了城市的出现。支持这一观点的还有古典经济学家亚当·斯密。新兴古典经济学家杨小凯在其著作《专业化与经济组织》中从劳动分工和专业化经济角度阐释了城市的演进[7]。

②二元经济结构的城镇化论。1970 年，马卜贡杰提出"推—拉"模式理论。他认为，乡村人口向城市的转移是在城市社会化生产作为拉力和农村的小生产为推动力协同作用下实现的[8]。20 世纪 70 年代，新马克思主义学派运用马克思主义政治经济学对城市化动力机制进行阐述，其中以英国的哈维和美国的长斯特尔最具代表性，他们论证了二元经济结构下农业人口向城市转移的过程。

③聚集经济理论的城镇化论。英国经济学家马歇尔著名的"外部规模经济"理论认为规模经济"有赖于工业一般发达的经济，这种经济往往会吸引很多性质相似的小型企业"[8]，经济活动的空间布局促进经济活动主体的重新定位，从而推动产业的聚集和城市的产生。

（3）城镇化质量研究

国外关于城镇化质量的研究侧重于和谐城市、城市可持续性、城市人居生活质量和健康城市等内容，基于复合指标的量化测评成为常用方法[9]。联合国人类住区中心（UN-HABITAT）2002 年提出城市发展指数（City Development Index，CDI），包括健康、教育、基础设施、城市生产和废品 5 个部分，涉及 11 个指标[10]，2009 年提出城镇指标准则（Urban Indicators Guidelines，UIG），包括社会发展与消除贫困、经济发展、管制、环境治理和居住 5 个部分[11]，为城镇化质量研究提供标杆和依据。马兰斯和斯蒂姆森（Marans & Stimson，2010）在《调查城市生活质量》一书中从经济、住房、就业、教育、医疗、治安、环境、游憩等方面评价城市生活质量[12]。

（4）城镇化水平综合测度

1960 年，日本城市地理学家稻永幸男等提出城镇化测度的"城市度"概念，包括城市规模、城市经济活动、城市区位、城市人口增长和城市就业 5 个方面 16 个指标，研究东京郊区的城镇化推进情况[13]。1971 年，日本东洋经济新闻报社学者在《地域经济纵览》中提出城镇化测度的"城市成长力系数"概念，包括总人口、地方财政支出、二产从业人员比重、三产商业从业人员总数、工业总产值、住宅建设总面积、电话普及率和居民储蓄率等 10 个指标。英国地理学家克劳克从职业、人口、距离城市中心远近和居住等方面建立包含 16 个指标在内的城镇化测度体系[14]。N. G. Zqin 采用综合指标法研究印度城镇化水平[15]。

2. 国内研究综述

改革开放以来，学术界对中国城镇化研究进入了一个新的发展时期，城镇化理论从无到有，从小到大，取得了很丰富的成果，出版了大量的学术著作和学术论文，也涌现出了很多城镇化问题研究专家，研究内容也越来越广泛，研究成果也越来越深入。我国"十二五"规划中提出"积极稳妥推进城镇化，不断提升城镇化的质量和水平"。党的十八届三中全会又提出"新型城镇化"概念，更加重视人的全面发展，更加注重城市发展质量，并坚持以改革创新为驱动力。总体来看，国内学者对城镇化研究内容十分丰富，主要集中在以下几个方面：

（1）城镇化的基本理论研究

①城镇化发展规律研究。20 世纪 80 年代，我国学者在对城镇化理论方面的研究内容十分丰富，研究主要集中在时间、空间和产业发展等三个维度。杨重光、廖康玉针对当时关于城市化是资本主义的特有规律还是社会化大生产的共有规律进行了分析，并探讨了我国在工业化过程中是否也要走城市化道路，走什么样的城市化道路的问题[16]。王维峰从城市的空间维度和城市的职能探讨了城市化的一般规律，也认为城市化不仅存在于资本主义社会，同样也是社会主义社会不可逆转的潮流[17]。陈彤从时间的维度探讨了城镇化发展阶段的规律[18]。高佩义探讨了城市化进程的阶段性规律、大城市超先增长规律和城市化与经济发展的双向互促规律[19]。

王圣学认为城市化主要有速度发展规律、规模和数量发展规律、空间分布发展规律三大方面[20]。张京祥认为城市化既要遵循经济规律，又要发挥政府的适当调控，不拘于西方模式与简单的现象分析[21]。王晓玲从城市产业结构生成与结构升级演变规律、城市综合效益实现规律、城市投资分配对立统一规律，探究了城镇化的内质性规律[22]。

②新型城镇化内涵研究。目前国内学者对于新型城镇化概念还没有统一的界定，对于新型城镇化特征的表述也有多种说法。胡际权关于新型城镇化内涵的研究比较早，他认为新型城镇化的科学理念应该是以人为本，在城镇规模、空间布局、城镇功能、产业发展、生态资源环境、社会发展、区域发展方面实现全面协调与可持续发展[23]。

（2）城镇化动力机制理论研究

我国的特殊国情决定了，我国的城镇化进程受到政治、经济、文化、社会、科技等多方面因素影响。而新型城镇化进程也是受以上多种因素相互耦合与作用的过程，是内生动力与外生动力综合作用的结果。张占斌认为我国新型城镇化健康程度与行政级别呈现显著正相关[24]。黄亚平等认为外源性、产业经济、硬件系统和资源环境条件是欠发达山区新型城镇化发展的动力机制[25]。牛文元认为智慧城市建设是新型城镇化进程中人口、财富、智力和消费聚集的新要求，是新型城镇化发展的动力标志[26]。倪鹏飞认为新型城镇化发展包括三大新动力：新型工业化与第三次工业革命组成的需求拉动力，生产工具农业现代化、生产组织产业化、生产技术科学化和较高的劳动者素质组成的供给推动力以及信息化[27]。孙振华认为收入和福利水平的提升是新型城镇化的核心机制、新型工业化是基础机制、生态环境保护是长效机制、公共需求是保障机制[28]。赵永平等测度政府、市场、外部机制和内在机制对新型城镇化的推动作用，其中市场机制和外部机制发挥关键作用[29]。李长亮认为新型城镇化发展除了受到本身经济发展水平、社会保障水平、产业结构非农化、固定资产投资以及外商直接投资的显著促进作用，还受到邻近省区政策变动的影响[30]。

（3）城镇化质量研究

未来我国城镇化不能盲目追求数据统计上的城镇化率，而应积极引导城镇化健康发展，将实现城乡统筹发展作为主要任务，强调由数量规模增加向质量内涵提升转变[31]。叶裕民最早对城镇化质量开展研究，认为城镇化质量包含城市现代化（核心内容）和城乡一体化（终极目标），通过对 9 个 300 万以上人口超大城市的城镇化质量测评，得出虽然实现城市现代化，但是城乡一体化水平较低的结论[32]。韩增林从经济、基础设施、居民生活、生态、创新质量、城乡协调、就业等方面测度我国 286 个地级以上城市的城镇化质量[33]。方创琳认为城镇化质量是经济、社会和空间城市化质量的统一，引进阿特金森模型构建分要素和分阶段的城镇化质量测度模型[34]。郭叶波等认为城镇化质量评价指标包括发展型、约束型和适中型三类，应该仔细斟酌普适性[35]。王富喜认为城镇化质量涉及城镇和农村，从经济、社会、人口、生态环境、城镇化效率、城乡协调构建山东省城镇化质量评价体系，并将其划分为五大类型区[36]。夏南凯构建包括人口发展、经济发展、空间与设施环境和社会发展在内的浙江省城镇化质量指数型评价体系[37]。张引等从城镇化水平和城镇化效率两个维度构建新型城镇化质量的评价体系理论框架，其中城镇化水平包括人口城镇化、土地城镇化和产业城镇化，城镇化效率包括经济增长方式、社会发展质量、区域发展关系、城镇体系格局、生态环境质量和资源利用效率[38]。

（4）城镇化水平综合测度

由于城镇化内涵非常丰富，涉及多方面内容，因而国内绝大多数成果设置了综合测度指标体系，来反映新型城镇化水平。罗茂初从小城镇和小城镇人口增长趋势、增长结构和区域格局等三个方面对我国的小城镇建设进行了评价[39]。聂苏、陈东明研究制定了农村城镇化评价指标体系，将其设计为人口结构、经济发展、基础设施、生活质量和社会发展四个方面 12 个指标[40]。王炜等从经济、社会和城镇建设三大类指标推断出了农村城市化综合评价量化指标体系[41]。刘耀彬等根据城市化与生态环境交互作用的时空规律，基于协同论的观点列出了城市化与生态环境协调的评判标准[42]。徐建中、毕琳利用因子分析法对 35 个样本城市的城市化发展水平进行了综合评价[43]。李崇明基于复合生态系统的思想，对城市化从发展度、持续性与协调性三个方面进行了分析，利用多元统计分析与时间序列分析，建立了三维可持续城市化综合评价模型[44]。

（二） 循环经济问题

循环经济是指在人、自然资源和科学技术的大系统内，在资源投入、企业生产、产品消费及其废弃的全过程中，把传统的依赖资源消耗的线形增长的经济，转变为依靠生态型资源循环来发展的经济。循环经济作为一种新型的经济发展模式与先进的环境保护理念，正逐渐得到广大学者、各级政府的接受和认可，其发展受到世人的高度关注。

1. 国外研究综述

循环经济与环境保护一脉相承，其思想萌芽可以追溯到 20 世纪 60 年代。当时，人类的活动对环境的破坏已达到了相当严重的程度，一批环保的先驱呼吁人们更多地关注环境问题。在传播环境意识的过程中，最早的也是最具代表性的著作是生物学家蕾切尔·卡逊（Rachel Carson，1963）出版的《寂静的春天》[45]。该书首次向人类揭示环境污染对生态系统和人类社会产生的巨大破坏。它的问世对公众环境意识的形成施加了重大影响，有力地推动了公众参与的环境保护运动。

（1）循环经济的起源与发展

1966 年，美国经济学家肯尼斯·鲍尔丁（Kenneth E. Boulding）提出了"宇宙飞船理论"，该理论认为地球就像是翱翔于太空中的一艘宇宙飞船，飞船上的资源是十分有限的，人口的增长却一直持续，如果继续这样发展下去，人类不但会消耗掉地球上所有的资源，还会被人类自身排放的污染物而毒害。因此，为了避免这种悲剧的发生，人类必须改变传统的线性经济增长方式，必须善待地球，善待人类自己[46]。这一理论在当时具有相当的超前性，现在被认为是循环经济理论的起源。

1972 年，美国生态学家巴里·康芒纳（Barry Commoner）出版了《封闭的循环：自然、人和技术》一书。他认为人类是地球生态圈的有机组成部分，人类的发展必须遵循生态学的基本法则，不能过度开采自然资源，不能随意向自然界排放废物。他强调人类应该建立"封闭的循环式生产机制"，从而减少生产活动对自然的破坏和污染[47]。该理论是对"宇宙飞船理论"的进一步阐述和深化，遗憾的是，这种封闭循环的思想在当时并未引起重视。一直到 20 世纪 80 年代后期，当可持续发展理念成为世界各国的共识以后，循环经济理论才正式出现。

1989 年，英国环境经济学家大卫·皮尔斯（David W. Pearce）和凯利·特纳（R. Kerry Turner）在《自然资源与环境经济学》一书中构建了以"循环经济"命名的分析模型，这是循环经济（Circular Economy）一词第一次正式出现。该模型由自然循环和工业循环两部分组成，自然循环是指经济系统产生的废物经自然系统消化后，转化为可用的材料以后又回到经济系统；工业循环是指再生产过程中减少资源和能源的消耗，同时加强废弃物的利用。很显然，这两种循环都有助于减少原始资源的消耗，减轻环境压力。而为了使这两个循环更有效地运行，人类应该遵循两项原则，一是可再生资源的开采速度不能大于其再生速度，二是排放到环境中的废物要小于环境的净化能力[48]。

1994 年，德国率先制定了《循环经济与废弃物管理法》，这是世界上第一部关于循环经济的法律，同时也是循环经济从理论走向实践的标志。这部法律以珍惜自然资源为核心，要求发展循环经济，强化废弃物的无公害处置。该法律提出了对待废弃物的基本原则：首先，应尽量避免废弃物的产生；其次，在废弃物产生不可避免的情况下，强化废弃物的回收利用，提取次生原材料或热能；最后，对剩余的无法利用的废弃物，采取与环境相容的方式对废弃物加以清除[49]。这三个原则后来被概括为 3R 原则，即减量化（Reduce）、再利用（Reuse）、再循环（Recycle）。由于 3R 原则具有高度的概括性、指导性和可行性，因此很快便成为各国所公认的循环经济基本原则。

2000 年以后，循环经济在德国、日本等国家取得了长足的发展。德国和日本将循环经济视为后工业化时期治理废弃物的主要方法，是后工业化道路的自然延续。另外，美国、加拿大、澳大利亚等国家不使用"循环经济"这个词汇，但是也在开展类似的工作，主要是实施清洁生产，建设生态工业园区，还构建了比较完善的社会层面废物回收利用体系，实际上涉及了循环经济从微观到宏观的各个层面。

对于循环经济指标体系建立的研究方面，国外比较有代表性的是基于物质流分析法建立评价指标体系。如苏瑟（Susanne）等用经济学扩展的物质流分析方法建立了瑞士食品生产链的循环经济指标体系[50]。克劳迪（Claudia）等对运用物理分析法建立了木材从森林到消费的流动过程量化分析指标体系[51]。上述建立评价指标体系的方法具有逻辑性统一、系统性强等优点；但与此同时，也具有对数据要求太高，采用无权重的加总方式等缺点。

（2）循环经济思想的三种理念

①生态经济效率的理念。1992 年，世界工商企业可持续发展理事会（World Business Council for Sustainable Development，WBCSD），在向里约会议提交的报告《变革中的里程》中提出生态经济效率的理念推动了循环经济在企业层次上的实践。其本质是要求组织企业生产层次上物料与能源的循环，以实现污染排放的最小量化。其核心思路是大力推行清洁生产与产品生命周期评价。要求注重生态经济效率的企业必须做到：减少产品和服务的物料使用量；减少产品和服务的能源使用量；减少污染物质的排放；加强物质的循环使用能力；最大限度可持续地利用可再生资源；提高产品的耐用性、标准化和通用性；提高产品与服务的服务强度，从生产优先到服务优先[52]。

②工业生态系统的理念。1989 年，福罗什和加劳布劳斯在《科学美国人》杂志发表题为《可持续发展工业发展战略》的文章，提出了生态工业园区的新设想，要求在企业之间形成废弃物的输出与输入关系，其实质就是运用循环经济思想组织企业共生层次上的物质与能源的循环[53]。

③生活废弃物反复利用和再生循环理念。西方发达国家注重生活废弃物的反复利用和再生循环，从而指导整个社会的资源回收和循环。20 世纪 90 年代起，德国成为发达国家垃圾处理从无害化到减量化、资源化的先行者。欧盟以及美国、日本、澳大利亚、加拿大等国先后依据资源闭路循环、避免废物产生的思想，重新制定废物管理法。

2. 国内研究综述

早在 20 世纪 80 年代，我国政府已经开始重视对工矿企业废物的回收和再利用，提出末端治理的思想，以达到节约资源、治理污染的目的。进入 90 年代后，我国政府又提出了源头治理的思想。近年来，循环经济在我国开始引起人们的关注，并在理论上进行了探索。1993 年，在上海召开的第二次全国工业污染防治会议上第一次正式提出了循环经济理论；1998 年引入循环经济概念，确立了 3R 原理的中心地位。

（1）循环经济的内涵

在循环经济的含义上，学术界从资源综合利用、环境保护、技术范式、经济形态和增长方式等角度对循环经济作了多种界定。

①循环经济是一种新的经济增长模式。诸大建指出，循环经济是针对工业化运动以来高消耗、高排放的线性经济而言的，是一种善待地球的经济发展模式。它要求把经济活动组织成为"自然资源—产品和用品—再生资源"的闭环式流程，所有的原料和能源能在不断进行的经济循环中得到合理利用，从而把经济活动对自然环境的影响控制在尽可能小的程度[54]。毛如柏认为，循环经济是与传统经济活动的"资源消费—产品—废物排放"的开放（或单程）物质流动模式相对应的"资源消费—产品—再生资源"闭环型物质流动模式[55]。马凯认为，循环经济是一种以资源的高效利用和循环利用为核心，以"减量化、再利用、资源化"为原则，以低消耗、低排放、高效率为基本特征，符合可持续发展理念的经济增长模式，是对"大量生产、大量消费、大量废弃"的传统增长模式的根本变革[56]。段宁认为，循环经济是对物质闭环流动型经济的简称[57]。任勇认为，循环经济是对社会生产和再生产活动中的资源流动方式实施"减量化、再利用、再循环和无害化"管理调控的、具有较高生态效率的新的经济发展模式[58]。冯之浚认为，发展循环经济是一次深刻的范式革命，这种全新的范式与生产过程末端治理模式有本质区别：从强调人力生产率提高转向重视自然资本，强调提高资源生产率，实现"财富翻一番，资源使用少一半"，即所谓"四倍跃进"[59]。

②循环经济就是生态经济。曲格平认为，循环经济是把清洁生产和废弃物的综合利用融为一体的经济，本质上是一种生态经济[60]。吴季松认为，循环经济是在人、自然资源和科学技术的大系统内，在资源投入、企业生产、产品消费及其废弃的全过程中不断提高资源利用效率，把传统的、依靠资源消耗增加发展转变为依靠生态型资源循环发展的经济[61]。朱铁臻认为，生态学和生态经济学被多数学者视为循环经济的基础[62]。

③循环经济是一个复杂的经济系统。解振华认为，循环经济不必要求经济活动按生态经济规律进行，而是要运用经济规律来减少资源消耗和保护生态环境。生态经济学者主张用生态学规律来指导人类的经济活动，希望人类活动能按照生态学要求进行，在完全不改变自然的情况下发展经济，但这是难以实现的。因为人类经济活动遵从的是经济规律，而不是生态规律。在商品经济社会中，每个经济人都在追求自身效用最大化。在生态环境可以作为免费的生产条件使用时，生产者总是倾向于违背生态学规律而使用它们创造更多的利润，生态伦理和道德显得十分无力[63]。张录强、张连国把循环经济作为一个由经济系统、社会系统、自然系统复合构成的"社会—经济—自然"的复杂的系统进行研究，指出这个系统不是纯粹自发地演化出来的，而是在把握自然生态系统、经济循环系统和社会系统的自组织规律后，人为建构起来的人工生态系统[64,65]。范跃进认为，循环经济涵盖经济发展、社会进步、生态环境三个方面，追求这三个系统之间达到理想的组合状态[66]。吴绍忠认为，循环经济就是在人类的生产活动中控制废弃物的产生，建立起反复利用自然的循环机制，把人类的生产活动纳入自然循环中，维护自然生态平衡[67]。

（2）循环经济的发展战略

在循环经济的发展战略上，有些学者依据在国家宏观调控下，把市场作为配置资源的基础性手段来研究循环经济战略，其基本理念是政府在循环经济的启动期发挥着决定性作用。因此，学术界从战略思想、战略目标、战略阶段、战略重点、战略对策等方面全方位研究我国循环经济的发展战略[68]。齐建国、杨青平、谢旭人等学者分别论述我国发展循环经济的战略重点[69]。这些研究在借鉴国外经验的基础上，考虑了我国发展循环经济的特殊背景，为我国循环经济发展战略的总体定位和政府决策提供了重要依据。

（3）循环经济的研究方法

在循环经济的研究方法上，研究方法主要有孙启宏等基于生态效率的工业生态学方法；有李长安、吴季松、张录强等包括结构功能原理、自组织原理和系统控制论的系统科学方法[70]。系统科学的学者主要运用能值分析和系统分析方法；资源科学和环境科学学者主要运用价值分析和物质流分析方法；资源与环境经济学学者主要运用边际分析和均衡分析方法。研究范式主要有杜世勋等运用系统分析[71]、蓝盛芳等用能值分析[72]、陈效述等用物质流分析及价值分析[73]等方法来研究生态经济系统的生态流和经济流。

（4）循环经济的衡量评价

目前，引起学术界普遍关注的一个重要问题是如何衡量和评价循环经济的发展水平。就循环经济发展评价指标体系的构建而言，国家统计局"循环经济评价指标体系"课题组提出一个由资源利用效率、资源消耗效率、资源回收与循环利用、废弃物排放与处置和其他五大部分指标构成评价体系的基本框架。于丽英等设计了包括以产业、城市基础设施、人居环境和社会消费四大体系为基础，涵盖了 24 个指标的循环经济评价指标体系[74]。就循环经济的评价方法而言，田金方等运用主成分模型，测算了指标权重，得到了主成分方法下的循环经济综合评价模型[75]。张平等提出了用层次分析法（AHP）来确定循环经济指标体系权重的基本思路[76]。就研究对象而言，岳立等对甘肃省循环经济发展水平进行了评价分析，得出甘肃循环经济水平较低的结论[77]。张晴根据湖南的实际情况，设计出包括目标层、控制层和指标层的评价指标体系，对湖南循环经济发展进行综合评价[78]。

第二章   京津冀协同发展情况综述

一、基本情况

京津冀位于东北亚中国地区环渤海心脏地带，是中国北方经济规模最大、最具活力的地区，越来越引起中国乃至整个世界的瞩目。

京津冀地区是中国的"首都经济圈"，包括北京市、天津市以及河北省的保定、唐山、廊坊、石家庄、邯郸、秦皇岛、张家口、承德、沧州、邢台、衡水等 11 个地级市。京津冀是我国创新资源最密集、科技创新成果最丰富的区域之一。这里汇集了全国 1/4 以上的高等院校、1/3 的国家重点实验室和工程（技术）研究中心、2/3 以上的两院院士、1/4 的留学人员，基础研究氛围相对浓厚，协同创新空间很大。①

从地理位置上来看，京津冀地区位于华北平原北部，北靠燕山山脉，南面华北平原，西倚太行山，东临渤海湾。其东南部、南部与山东、河南两省毗邻，西部与山西省为邻，西北部、北部与内蒙古自治区交界，东北部与辽宁省接壤。京津冀地区西北和北面地形较高，南面和东面地形较为平坦。地貌方面，该区域囊括有多种地貌特征，但仍然以平原地貌为主，沿渤海岸多滩涂、湿地。海河流域以扇状水系的形式铺展在京津冀地区。

从历史沿革来看，京津冀地区的发展沿革是有清晰地历史脉络的。明永乐十九年（1421 年）正月，明成祖朱棣正式迁都北京，拉开了京津冀城市群崛起的序幕。作为"天下之中"的北京，对周边城市在经济、文

---

① 河北省人民政府. 三地代表委员共话京津冀协同发展［EB/OL］. （2019 – 03 – 11）
［2019 – 06 – 10］. http：//www. hebei. gov. cn/hebei/11937442/10761139/14571076/index. html.

化、军事方面都产生了深远的影响。在彭秀良、魏占杰合著的《幽燕六百年：京津冀城市群的前世今生》一书中，将北京对周边城市的影响归纳为四个方面：第一，北京城居民和附近驻军人数增多，需提供粮食与其他生活用品；第二，北京城发达的手工业和匠户制度，在繁荣京城经济的同时，也产生了扩散效应；第三，为加强防御，北京城及周边地区设立了大量的卫所；第四，北京城频繁的战事使其文化中心作用经常遭到破坏，这就要求在周围城市中有文人的退避之所。明朝定都北京，带动了整个京津冀地区的发展。清代沿袭了这种居于"天下之中"的古代都城建设指导思想，打造了牢固的京津冀城市群政治文化。

从 20 世纪 80 年代中期开始，京津冀区域协调发展就被提上了议事日程。1986 年，在时任天津市市长李瑞环的倡导下，环渤海地区 15 个城市共同发起成立了环渤海地区市长联席会，"环渤海经济区"的概念应运而生，这也被认为是京津冀地区最正式的区域合作机制。1991 年至 1995 年，由京津冀两市一省的城市科学研究会发起召开了京津冀城市协调发展研讨会，这是第一次开始在"城市群"意义上探讨京津冀地区协调发展问题。2001 年，两院院士、清华大学教授吴良镛提出了"京津冀一体化"发展构想。2004 年 11 月，国家发改委决定正式启动京津冀都市圈区域规划的编制。① 2008 年 2 月"第一次京津冀发改委区域工作联席会"召开。京津冀发改委共同签署了《北京市、天津市、河北省发改委建立"促进京津冀都市圈发展协调沟通机制"的意见》。在党的十八大之后，这一规划目标上升为重大国家战略。京津冀协同发展战略至此进入了实施阶段。

由此可见，京津冀地区协同发展一直是国家层面高度重视的问题。京津冀整体定位是"以首都为核心的世界级城市群、区域整体协同发展改革引领区、全国创新驱动经济增长新引擎、生态修复环境改善示范区"。在京津冀的规划定位中，北京市作为全国政治中心、文化中心、国际交往中心、科技创新中心；天津市作为全国先进制造研发基地、北方国际航运核心区、金融创新运营示范区、改革开放先行区；河北省作为全国现代商贸物流重要基地、产业转型升级试验区、新型城镇化与城乡统筹示范区、京

---

① 凤凰财经. 京津冀城市群的历史底色与当代使命 [EB/OL]. (2017 - 04 - 16) [2019 - 5 - 10]. http：//finance. ifeng. com/a/20170416/15302930_0. shtml.

23

津冀生态环境支撑区。下面对其所辖城市进行简单介绍：

北京，是中华人民共和国首都、直辖市、国家中心城市、超大城市、全国政治中心、文化中心、国际交往中心、科技创新中心，是世界著名古都和现代化国际城市。北京市占地面积 16 410.54 平方千米，下辖 16 个市辖区①。截至 2018 年末，北京市常住人口 2 154.2 万人，其中，常住外来人口 764.6 万人，占常住人口的比重为 35.5%。常住人口密度为每平方千米 1 313 人。从经济发展情况来看，2018 年，北京市全年实现地区生产总值 30 320 亿元，比上年增长 6.6%。其中，第一产业增加值 118.7 亿元，下降 2.3%；第二产业增加值 5 647.7 亿元，增长 4.2%；第三产业增加值 24 553.6 亿元，增长 7.3%。三次产业构成由 2017 年的 0.4:19.0:80.6，变化为 0.4:18.6:81.0。全市人均地区生产总值为 14 万元。北京市科学技术发展在全国处于领先地位，2018 全年专利申请量与授权量分别为 21.1 万件和 12.3 万件，分别比上年增长 13.6% 和 15.5%。北京是全国教育最发达的地区之一，作为全国高等院校的中心，聚集了全国数量最多的重点大学。截至 2017 年，北京市共有普通高等院校 92 所，普通高等学校招收本专科学生 15.6 万人，在校生 58.1 万人，毕业生 14.7 万人。共有 58 所普通高校和 88 个科研机构培养研究生，2018 全年研究生教育招生 11.7 万人，在学研究生 33.6 万人，毕业生 8.7 万人。作为全国最大的科学技术研究基地，拥有中国科学院、中国工程院等科学研究机构和号称中国硅谷的北京中关村科技园区，每年获国家奖励的成果占全国的 1/3②。

天津，是中华人民共和国直辖市、国家中心城市、超大城市、环渤海地区经济中心、首批沿海开放城市，全国先进制造研发基地、北方国际航运核心区、金融创新运营示范区、改革开放先行区。天津市占地面积 11 916.85 平方千米，下辖 16 个市辖区。③ 截至 2018 年末，天津市常住人口 1 559.60 万人，其中，外来人口 499.01 万人，占全市常住人口的 32.0%。从经济发展情况来看，2018 年，天津生产总值（GDP）18 809.64 亿元，比上年增长 3.6%。其中，第一产业增加值 172.71 亿元，

---

①② 北京市人民政府. 北京概况［EB/OL］.［2019 – 06 – 10］. http：//www. beijing. gov. cn/renwen/bjgk/.

③ 天津市人民政府. 天津概况［EB/OL］.［2019 – 06 – 10］. http：//www. tj. gov. cn/tj.

增长 0.1%；第二产业增加值 7 609.81 亿元，增长 1.0%；第三产业增加值 11 027.12 亿元，增长 5.9%。三次产业结构为 0.9:40.5:58.6。科技发展方面，截至 2018 年，天津共有普通高校 56 所，全年研究生招生 2.48 万人，在校生 6.81 万人，毕业生 1.72 万人。普通高校招生 15.27 万人，在校生 52.33 万人，毕业生 13.88 万人。截至 2016 年，天津的科学研究与试验发展资经费投入强度位列全国第三位。①

保定，是国家历史文化名城、中国优秀旅游城市、国家园林城市，也是中国首个创新驱动发展示范市，WWF 低碳试点城市，是京津冀地区中心城市之一。辖 4 市（定州为省直管试点）、5 区、15 县和 2 个开发区，总面积 2.2 万平方公里。② 截至 2018 年末，全市常住总人口 935.93 万人。2018 年，全市生产总值完成 3 070.9 亿元，比上年增长 7.0%。其中，第一产业增加值 323.3 亿元，增长 3.8%；第二产业增加值 1 276.1 亿元，增长 4.9%；第三产业增加值 1 471.5 亿元，增长 10.1%。三次产业结构为 10.5:41.6:47.9。全市人均生产总值 32 810 元，比上年增长 6.9%。截至 2018 年，全市有技术创新中心（工程技术研究中心）192 家，众创空间 106 家，农业科技园区 71 个，重点实验室 48 家，孵化器 41 家，产业创新联盟 33 家，院士工作站 31 家（其中：院士 53 人），国际合作基地 14 家。2018 年申请专利 11 831 件，授权专利 7 581 件，分别比上年增长 30.9% 和 44.7%，截至 2018 年底，有效发明专利 4 570 件，增长 20.5%。有 98 个项目获科学技术奖。③

唐山，地处华北与东北通道的咽喉要地，是京津唐工业基地中心城市、京津冀城市群东北部副中心城市，总面积为 13 472 平方千米。唐山市辖 2 个县级市（迁安、遵化），5 个县（迁西、玉田、滦县、滦南、乐亭），7 个区（曹妃甸、路南、路北、开平、古冶、丰润、丰南），4 个开发区。④ 截至 2018 年末，唐山市常住人口 793.58 万人。截至 2018 年，唐

---

① 资料来源：天津市国民经济和社会发展统计公报.
② 保定市人民政府. 保定概述［EB/OL］.［2019 - 06 - 10］. http://mlbd.bd.gov.cn.
③ 资料来源：保定市国民经济和社会发展统计公报.
④ 唐山市人民政府. 唐山概览［EB/OL］.［2019 - 06 - 10］. http://www.tangshan.gov.cn/zhuzhan/tsgl/.

山市地区生产总值实现6 955.0亿元。第一产业增加值493.1亿元，比上年增长2.7%；第二产业增加值3 817.8亿元，增长6.2%；第三产业增加值2 644.0亿元，增长9.6%。三次产业结构由上年的7.1:55.8:37.1调整为7.1:54.9:38.0。截至2017年末，唐山市拥有市级以上工程技术研究中心179家，市级以上重点实验室46家，市级以上产业技术研究院8家，省级以上科技企业孵化器16家；省级以上众创空间13家。全年申请专利6 712项，授权专利3 677项。截至2017年末，唐山市拥有普通高等学校10所，在校生12.3万人，其中研究生2 994人。①

廊坊，河北省地级市，地处京津冀城市群核心地带，环渤海腹地，是国家可持续发展实验区。总面积6 429平方千米，下辖2个市辖区，2个县级市，6个县，一个开发区。② 2018年，全市生产总值完成3 108.2亿元，同比增长6.5%。其中，第一产业完成196.7亿元，增长0.8%；第二产业完成1138.1亿元，增长3.5%；第三产业完成1 773.5亿元，增长9.8%。全市人均生产总值为64 906元，同比增长4.1%。截至2018年，户籍人口479.5万人。2018年，全市共登记科技成果117项。其中，达到国际先进水平4项，国内领先水平47项，国内先进水平27项。全年获得省级科学技术奖12项。全年申请专利8 950项、授权5547项。全市签订技术合同3 015项，技术交易额达到90.66亿元，增长187.0%。③

石家庄，河北省省会，是全省政治、经济、科技、金融、文化和信息中心，京津冀地区重要的中心城市之一，是国务院批准实行沿海开放政策和金融对外开放城市。石家庄市辖8区13县（市），总面积14 464平方千米。④ 2018年，石家庄市生产总值6 082.6亿元，比上年增长7.4%。分产业看，第一产业增加值420.5亿元，比上年增长3.2%，占生产总值的比重为6.9%；第二产业增加值2 285.5亿元，增长4.8%，占生产总值的比重为37.6%；第三产业增加值3 376.7亿元，增长10.2%，占生产总

---

① 资料来源：唐山市国民经济和社会发展统计公报.
② 廊坊市人民政府. 走进廊坊［EB/OL］.［2019 – 06 – 10］. http://www.lf.gov.cn/Category_79/Index.aspx.
③ 资料来源：廊坊市国民经济和社会发展统计公报.
④ 石家庄市人民政府. 市情概览［EB/OL］.［2019 – 06 – 10］. http://www.sjz.gov.cn/col/1490066722653/.

值的比重为 55.5%。人均生产总值 55 723 元，增长 6.6%。2018 年末常住人口 1 095.16 万人，比上年末增加 7.17 万人。2018 年末普通高等学校 44 所，招生 21.4 万人，在校生 62.2 万人，毕业生 17.6 万人。研究生招生 0.6 万人，在校生 1.7 万人，毕业生 0.5 万人。普通本专科招生 15.2 万人，在校生 47.9 万人，毕业生 12.4 万人。2018 年专利申请 19 421 件，专利授权 11 450 件，有效发明专利 6 957 件，每万人发明专利拥有量 6.3 件。2018 年末共有产品检测实验室 355 个，市级及以上检测中心 60 个，产品、体系和服务认证机构 8 个，强制性产品认证企业 588 个。法定计量技术机构 16 个，强制检定计量器具 67.0 万台（件）。制定、修订市级地方标准 48 项①。

秦皇岛，因秦始皇而得名，是中国唯一一个因皇帝尊号而得名的城市，河北省省辖市，世界著名旅游城市，全球避暑名城，全国性综合交通枢纽，中国海滨城市，中国首批沿海开放城市。是首都经济圈的重要功能区，京津冀辐射东北的重要门户和节点城市。秦皇岛市辖海港、北戴河、山海关、抚宁区四个城市区和昌黎、卢龙、青龙满族自治县三个县及秦皇岛经济技术开发区、北戴河新区，陆域面积 7 802 平方千米，海域面积 1 805 平方千米。② 截至 2018 年末，秦皇岛市常住人口为 313.42 万人，比上年末增加 2.34 万人。2018 年，秦皇岛市完成地区生产总值 1 635.56 亿元，比上年增长 7.3%。其中，第一产业增加值 203.26 亿元，增长 3.8%；第二产业增加值 542.05 亿元，增长 7.0%；第三产业增加值 890.26 亿元，增长 8.3%。全市人均地区生产总值为 52 380 元，增长 6.6%。秦皇岛拥有普通高等院校 13 所，招生数 5.19 万人，在校生 15.13 万人。2018 年，秦皇岛市组织实施科技计划项目 522 项，其中 80 个项目获得国家、省的资金支持 1 913 万元，23 个项目获得省级科技进步奖励。专利申请量、授权量分别为 5 438 件和 2 884 件。

邯郸，是国务院批准具有地方立法权的"较大的市"和市区人口超百万的大城市，是国家历史文化名城。全市现辖 6 区、1 市、11 县，1 个国

---

① 资料来源：石家庄市国民经济和社会发展统计公报.

② 秦皇岛市人民政府. 市情［EB/OL］.［2019 - 06 - 10］. http：//www.qhd.gov.cn/front_pcsec_sq.do.

家级开发区和 1 个省级开发区，总面积 12 066 平方千米。① 2018 年全市生产总值3 454.6亿元，比上年增长 6.6%。其中：第一产业增加值 313.3 亿元，增长 2.7%；第二产业增加值 1 558.0 亿元，增长 3.7%；第三产业增加值 1 583.3 亿元，增长 10.0%。人均生产总值 36 289 元，比上年增长 6.4%。三次产业比重由 2017 年的 9.1:47.9:43.0 调整为 9.1:45.1:45.8，产业结构由"二三一"转变为"三二一"。服务业增加值总量占全市生产总值比重比上年提高 2.8 个百分点，首次超过第二产业 0.7 个百分点。2018 年获得省科学技术奖 14 项，市科学技术奖 115 项。全市专利申请量 6 537 项，专利申请授权量 3 910 项，发明授权量 304 项。②

邢台，京津冀城市群的重要节点城市，是华北历史上第一座城市，中国最古老的十大城市之一，中国最早的古都之一。总面积 1.24 万平方千米，辖 19 个县（市、区），其中：2 个市辖区，15 个县，代管 2 个县级市。另设有邢台经济开发区和大曹庄管理区。③ 2018 年，常住人口 737.44 万人。2018 年，邢台市实现地区生产总值 2 150.76 亿元，比 2017 年增长 7.0%。其中，第一产业增加值 265.42 亿元，增长 4.6%；第二产业增加值 876.76 亿元，增长 5.0%；第三产业增加值 1 008.58 亿元，增长 9.9%。全市人均生产总值29 210元，增长 6.6%。邢台市共有普通高等学校 4 所，招生人数 1.61 万人，在校学生数 5.16 万人。2018 年，邢台市全年专利授权量 4 603 件。发明申请授权量 201 件。

张家口，是连接京津、沟通晋蒙的交通枢纽，是现行长城最多的地区，素有"长城博物馆"的美称。张家口市辖 6 个区，10 个县，总面积 3.68 万平方千米。④ 2018 年末常住人口 443.4 万人，比上年增加 0.05 万人。2018 年全市生产总值实现 1 536.6 亿元，增长 7.6%。其中，第一产业实现增加值 226.6 亿元，增长 6.8%；第二产业实现增加值 518.4 亿元，比上年增长 9.3%；第三产业实现增加值 791.6 亿元，增长 6.6%。人均

① 邯郸市人民政府. 走进邯郸［EB/OL］.［2019-06-10］. http：//www.hd.gov.cn.
② 资料来源：邯郸市国民经济和社会发展统计公报.
③ 邢台市人民政府. 魅力邢台［EB/OL］.［2019-06-10］. http：//xingtai.gov.cn/mlxt.
④ 张家口市人民政府. 走进张家口［EB/OL］.［2019-06-10］. http：//tv.zjk.gov.cn/zjzjk.html.

生产总值达 34 661 元，比上年增长 7.5%。三次产业增加值占全市地区生产总值的比重分别为 14.8%、33.7% 和 51.5%。2018 年全年专利授权 1 249 件，其中发明专利 103 件，全市万人发明专利拥有量达到 1.16 件，超过省定任务的 29%。①

承德，处于华北和东北两个地区的连接过渡地带，是国家甲类开放城市，首批国家历史文化名城。下辖 3 个市辖区、1 个县级市、4 个县、3 个自治县，行政区域面积 3.95 万平方千米。截至 2017 年末，承德市常住总人口达到 356.50 万人，较上年末增加 3.32 万人。② 截至 2018 年末，全市户籍人口 381.6 万人，比上年末增加 1.4 万人。2018 年全市实现地区生产总值 1 481.5 亿元，比上年增长 6.4%。其中，第一产业增加值 267.5 亿元，增长 6.8%；第二产业增加值 537.3 亿元，增长 3.0%；第三产业增加值 676.7 亿元，增长 10.2%。三次产业增加值占地区生产总值的比重由上年的 16.0∶41.7∶42.3 调整为 18.0∶36.3∶45.7。2018 年，全市专利申请量 1950 件，专利授权量 1 176 件，新认定高新技术企业 73 家（其中有 10 家企业为重新认定），科技型中小企业 338 家，科技型小巨人企业 12 家。争取国家和省科技项目 64 项，争取项目资金 3 747 万元。新建省级科技创新服务平台 25 家，全市各级科技创新服务平台达 214 家，为推进产业创新发展提供了有力支撑。③

沧州，是国务院确定的经济开放区、沿海开放城市之一，也是石油化工基地和北方重要陆海交通枢纽，是环渤海经济区和京津冀都市圈重要组成部分。全市辖 2 个市辖区、4 个县级市、9 个县、1 个自治县，总面积 1.4 万平方千米。④ 2018 年，常住总人口 758.6 万人。2018 年，全市实现地区生产总值 3 676.4 亿元，同比增长 6.4%。其中，第一产业增加值 275.9 亿元，增长 3.6%；第二产业增加值 1 580 亿元，增长 3.4%；第三产业增加值 1 820.5 亿元，增长 10.0%。第一产业增加值占地区生产总值

---

① 资料来源：张家口市国民经济和社会发展统计公报.
② 承德市人民政府. 承德概况 ［EB/OL］. ［2019 - 06 - 10］. http：//www. chengde. gov. cn/cdgk/content_2024. htm.
③ 资料来源：承德市国民经济和社会发展统计公报.
④ 沧州市人民政府. 走进沧州 ［EB/OL］. ［2019 - 06 - 10］. http：//www. cangzhou. gov. cn/zjcz/index. shtml.

的比重为7.5%，第二产业增加值比重为43.0%，第三产业增加值比重为49.5%。全市人均地区生产总值为48 562元，同比增长5.8%。2018年，全市全年共取得科技成果150项，其中1项科研成果获国家科技进步奖，7项获省科技进步奖，全年专利申请量、授权量分别达6 953件、4 898件。拥有普通高等学校4所，在校生39 571人。[①]

衡水，属于环渤海经济圈和首都经济圈的"1+9+3"计划京南区，为环渤海区域合作市长联席会议成员市，总面积8 815平方千米，辖2个市辖区，1个县级市，8个县。[②] 2018年末全市常住人口447.2万人。2018年全市实现生产总值1 558.7亿元，增长6.9%。其中第一产业增加值200.5亿元，增长4.0%；第二产业增加值639.3亿元，增长4.9%；第三产业增加值718.9亿元，增长9.8%。全市人均地区生产总值为34 898元，比上年增长6.6%。2018年衡水市开展重大、重点科技项目57项。专利申请3 854件，增长20.0%，专利授权2 586件，增长19.3%。[③]

二、地方政府推进京津冀协同发展相关政策

2014年7月，京冀签署《共同打造曹妃甸协同发展示范区框架协议》等7项协议，曹妃甸被确定为打造京津冀协同发展的示范区。成了非首都功能疏解的新空间、要素转移的集中承载地、项目布局的战略首选地。河北省、市对曹妃甸的发展给予了极大的关注，提出打造曹妃甸新的增长极，把曹妃甸确定为唐山市"一港双城"建设的核心承载区。

2016年2月27日，河北省人民政府印发《河北省建设京津冀生态环境支撑区规划（2016—2020年)》，为扎实推进京津冀生态环境支撑区建设，河北省结合实际对生态环境建设方面提出了总体要求和主要目标。同日，印发《河北省新型城镇化与城乡统筹示范区建设规划（2016—2020年)》，明确全省推进新型城镇化和城乡发展一体化的主要目标、发展路径

---

① 资料来源：沧州市国民经济和社会发展统计公报.
② 衡水市人民政府.走进衡水［EB/OL］.［2019-06-10］.http：//www.hengshui.gov.cn/col/col13/index.html.
③ 资料来源：衡水市国民经济和社会发展统计公报.

和战略任务，提出体制机制改革的主要方向和关键举措。

2016 年 6 月，唐山市与天津宁河区签署《共建津冀协同发展示范区合作框架协议》。根据协议双方会在基础设施、产业布局、公共服务、体制机制等多方面展开合作。协议的签订标志着示范区建设进入全面实施阶段。

2016 年 6 月 8 日，河北省人民政府印发《关于深入推进新型城镇化建设的实施意见》，结合河北省实际，为深入推进新型城镇化建设提出意见。文件强调了新型城镇化对我国现代化建设的重要性，要求加快推进户籍制度改革，提升城市综合承载能力，制定完善土地、财政、投融资等配套政策，充分释放新型城镇化蕴藏的巨大内需潜力。并从积极推进农业转移人口市民化等九个方面，提出了 36 条措施。

2017 年 3 月，环保部、发展改革委、财政部、能源局和北京、天津、河北等 6 省份公布《京津冀及周边地区 2017 年大气污染防治工作方案》，明确了"2 + 26"城市大气污染治理任务。方案对一些治理工作提出了细致的要求，如完成"小散乱污"企业依法取缔工作。针对治理难点冬季燃煤问题，方案提出"2 + 26"城市实现煤炭消费总量负增长，全面加强城中村、城乡接合部和农村地区散煤治理。

2017 年 7 月，为进一步完善生态保护补偿机制，加快推进生态文明建设，天津市出台实施了《关于健全生态保护补偿机制的实施意见》。到 2020 年，实现水流、湿地、森林、海洋、耕地等重点领域和禁止开发区域、生态涵养发展区域等重要区域生态保护补偿全覆盖，跨地区、跨流域横向生态保护补偿取得显著成效，生态保护补偿水平与经济社会发展状况相适应，多元化生态保护补偿机制和制度体系基本健全。

2017 年 7 月 19 日，石家庄市人民政府与北京市农林科学院签订了《农业科技战略合作协议》，石家庄市农科院挂牌"北京市农林科学院创新基地"。同时，该院与北京市农科院蔬菜研究中心签约共建"石家庄蔬菜科技创新示范基地"。石家庄农业紧紧围绕"菜篮子"工程的定位，在京津冀协同发展战略布局下，调优产业结构，转绿生产方式，节约自然资源，提升农业高质量发展水平。

2017 年 11 月，京津冀三地首次联合发布区域能源协同发展行动计划

《京津冀能源协同发展行动计划（2017—2020年）》，立足于京津冀能源特点，全面推动能源协同发展，强化区域协同保障。

2017年12月，北京市会同津冀两省份共同研究制定了《关于加强京津冀产业转移承接重点平台建设的意见》，立足三省份功能和产业发展定位，围绕构建和提升"2+4+N"产业合作格局，聚焦打造若干优势突出、特色鲜明、配套完善、承载能力强、发展潜力大的承接平台载体，引导创新资源和转移产业向平台集中，促进产业转移精准化、产业承接集聚化、园区建设专业化。

2018年7月23日，京津冀三地环保部门发布了《2018—2019年京津冀环境执法联动重点工作》。三地环保部门将继续深化区域污染联防联控，开展联动执法，共同排查、处置跨区域、流域的环境污染问题和环境违法案件。并启动了大清河、白洋淀流域水环境联合执法行动。

2018年8月14日，北京、天津、河北省共同签署了《工业战略合作框架协议》，将通过政策引导、多方参与、资源整合等方式提升三地工业经济整体影响力和辐射力，打造京津冀协同发展工业经济领域共享示范区。

2018年8月23日，河北省人民政府印发《河北省打赢蓝天保卫战三年行动方案》，持续深入开展大气污染防治攻坚行动，实现全省空气质量根本好转和"保底线、退后十"目标任务。

2018年9月28日，河北省召开京津冀创新创业与区域经济发展研讨会暨京津冀大学科技园联盟——承德市战略合作对接会，就不断加大合作创新力度，建立全面战略合作达成协议。京津冀大学科技园联盟与承德市人民政府签订《京津冀大学科技园联盟承德市人民政府战略合作框架协议》；与承德市高新区管委会签订《承德高新技术产业开发区管理委员会京津冀大学科技园联盟合作协议》。该联盟旨在依托北京市、天津市、河北省各高校的综合智力资源优势，进一步完善大学科技园孵化体系，充分发挥纽带桥梁作用和辐射引领作用，促进科技上中下游及相关产业链的衔接，建立起京津冀大学科技园资源共享机制。

2018年11月23日，北京、天津、河北省首次签署《关于共同推进京津冀协同创新共同体建设合作协议（2018—2020年）》，为下一步推动京津冀协同创新做好了顶层谋划工作。京津冀科技部门将联合成立工作领导小组，建立联席会议制度，聚焦共建创新要素与资源共享平台、深化细化区域分工与布局、促进三地高校院所企业协同创新、协同推进重点区域建设等4方面重点任务，深度对接合作并定期开展会商。

2018年12月28日，中关村科技园区和滨海新区人民政府共同印发了《关于支持天津滨海—中关村科技园创新发展的若干措施》。天津滨海—中关村科技园是北京、天津两市深入贯彻落实京津冀协同发展重大国家战略的重要举措。科技园作为京津冀产业转移承接重点平台"2＋4＋N"之一，主动承接北京非首都核心功能转移，重点承接科技创新和研发转化等产业，打造类中关村创新创业生态系统。

2018年12月，"2018京津冀（北京—石家庄）合作洽谈会"举办，围绕"进一步深度融入京津冀协同发展，精准高效承接京津产业转移"主题，大力吸引北京重大项目、创新资源、科技成果、高端人才等向石家庄聚集。

2019年3月19日，北京市委常委会召开会议，研究了《北京市深入贯彻落实习近平总书记在京津冀协同发展座谈会上重要讲话精神的意见》和《北京市推进京津冀协同发展2019年工作要点》，明确要进一步提高政治站位，发挥示范带头作用，以首善标准推动京津冀协同发展不断取得新的更大进展。加强定期研究调度，抓住重要节点和重点领域，推动重点项目落地。落实好推进京津冀协同发展2019年工作要点确定的各项任务。

2019年3月20日，北京市人民政府办公厅印发《北京市生态环境机构监测监察执法垂直管理制度改革实施方案》明确市级生态环境保护综合执法队伍重点负责查处重大环境违法行为及跨区域、跨流域环境违法案件，指导、稽查各区生态环境保护执法，推进京津冀联动执法等。

2019年3月29日，修订通过的《北京市城乡规划条例》明确城乡规划和建设应当坚持以人民为中心，坚持首都城市战略定位，实施以疏解北京非首都功能为重点的京津冀协同发展战略；优化城市功能和空间布局，严格控制城市规模；加强城乡统筹，推进城乡一体化发展；完善城市治理体系，加强精治、共治、法治，治理"大城市病"，实现城市可持续发展，建设国际一流的和谐宜居之都。

2019 年 4 月 2 日，京津冀人才一体化发展部际协调小组第四次会议在京召开。审议通过了《2019 年京津冀人才一体化发展工作要点》，公布了《2019 年京津冀人才智力引进活动方案》。北京市通州区、天津市武清区、河北省廊坊市三地共同签署了《通武廊人力资源服务企业联盟合作协议》，"通武廊人力资源服务业协同发展示范区"揭牌成立。

第三章　京津冀循环经济发展情况综述

一、生态发展

（一）　生态环境定义

生态环境是指与人类生产、生活密切相关的各种自然环境。具体包括水资源、土地资源、矿产资源与生物资源等。生态环境产生问题是指人类在利用自然资源进行生产、生活的过程中，对自然界的外部环境造成了破坏。人类与自然界是相互依存、相互交织的共同体，生态环境的破坏会对居民的身体健康造成损害，从而影响正常的生产和生活工作。

（二）　数据收集与含义

选取京津冀地区在2006—2016年《中国城市统计年鉴》中单位工业生产总值废水排放量、单位工业生产总值二氧化硫排放量、单位工业生产总值二氧化碳排放量作为社会城镇化的研究对象。

1. 单位工业生产总值废水排放量

工业废水包括生产废水、生产污水及冷却水，是指工业生产过程中产生的废水和废液，其中含有随水流失的工业生产用料、中间产物、副产品以及生产过程中产生的污染物。工业废水种类繁多，成分复杂。例如电解盐工业废水中含有汞，重金属冶炼工业废水含铅、镉等各种金属，电镀工业废水中含氰化物和铬等各种重金属，石油炼制工业废水中含酚，农药制造工业废水中含各种农药等。由于工业废水中常含有多种有毒物质，不仅污染环境还对人类健康有很大危害。因此要开发综合利用，化害为利，并根据废水中污染物成分和浓度，采取相应的净化措施进行处置后，才可排放。随着工业的迅速发展，废水的种类和数量迅猛增加，对水体的污染也日趋广泛和严重。单位工业生产总值废水排放量是生产总值每增加单位量带来的废水排放量的增加。可以一定程度上反映生产总值提高对环境污染带来的影响。通过计算得出单位工业生产总值废水排放量，单位：万吨/万元。

2. 单位工业生产总值二氧化硫排放量

工业二氧化硫排放量指企业在燃料燃烧和生产工艺过程中排入大气的二氧化硫数量。二氧化硫是最常见、最简单、有刺激性的硫氧化物。是大气主要污染物之一，许多工业过程中也产生二氧化硫。由于煤和石油通常都含有硫元素，因此燃烧时会生成二氧化硫。当二氧化硫溶于水中，会形成亚硫酸。若把亚硫酸进一步在 PM2.5 存在的条件下氧化，便会迅速高效生成硫酸，这是酸雨的主要成分。在大气中，二氧化硫会氧化而成硫酸雾或硫酸盐气溶胶，是环境酸化的重要前驱物。大气中二氧化硫浓度在 0.5ppm 以上对人体已有潜在影响；在 1～3ppm 时多数人开始感到刺激；在 400～500ppm 时人会出现溃疡和肺水肿直至窒息死亡。二氧化硫与大气中的烟尘有协同作用。当大气中二氧化硫浓度为 0.21ppm，烟尘浓度大于 0.3mg/L，可使呼吸道疾病发病率增高，慢性病患者的病情迅速恶化。伦敦烟雾事件、马斯河谷事件和多诺拉等烟雾事件，都是这种协同作用造成的危害。因此，二氧化硫对环境和人体健康都有着极大地危害。在 2017 年 10 月 27 日，世界卫生组织国际癌症研究机构公布的致癌物清单中包含了二氧化硫。单位生产总值二氧化硫排放量是指，每创造 1 万元生产总值所排放的二氧化硫数量。反映了经济增长对环境带来的伤害程度，是国家约束性减排指标。通过计算得出单位工业生产总值二氧化硫排放量，单位：吨/万元。

3. 单位工业生产总值烟尘排放量

工业烟尘是指在企业厂区内燃料燃烧生产工艺过程中产生的排入大气

的含有污染物的粉尘，往往含有各种金属、非金属细小颗粒物以及二氧化硫、氮氧化物。烟尘属于颗粒状污染物，烟尘污染对环境造成的影响和破坏是非常大的。空气中直径在 5 微米以下的固体颗粒可以进入人体。据研究表明，大气中微粒浓度 100 微克/米时，儿童患呼吸道疾病的概率显著增加。单位工业生产总值烟尘排放量是每单位生产总值排放的烟尘量，一定程度上反映了经济增长对生态环境影响程度。通过计算得出单位工业生产总值烟尘排放量，单位：吨/万元。

（三） 数据的初步分析

1. 单位工业生产总值废水排放量

选取 2006—2016 年，北京、天津以及河北省 11 个地级市的单位工业生产总值废水排放量进行对比。为了使分析的结果更加直观，选取北京、天津、石家庄、唐山与秦皇岛五个地区的单位工业生产总值废水排放量作折线图进行对比（见图 3-1、表 3-1）。

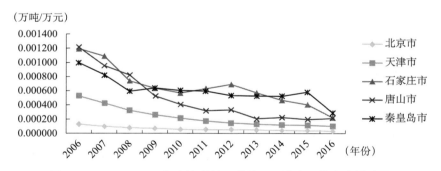

图 3-1 2006—2016 年京津冀地区单位工业生产总值废水排放量

资料来源：2006—2016 年《中国城市统计年鉴》。

表 3-1 2007—2016 年京津冀地区单位生产总值废水排放量下降率 单位:%

年份	北京市	天津市	石家庄市	唐山市	秦皇岛市
2007	24.43	19.45	8.70	21.35	17.13
2008	18.31	24.27	32.27	13.75	28.42
2009	10.13	19.62	14.06	36.24	-7.73
2010	18.98	17.46	10.79	22.68	5.48
2011	8.55	17.94	-10.72	21.78	1.07

年份	北京市	天津市	石家庄市	唐山市	秦皇岛市
2012	3.24	15.31	-10.10	-4.05	10.87
2013	5.36	12.27	17.32	37.85	0.89
2014	11.59	7.07	18.57	-9.14	0.75
2015	9.30	5.10	13.12	13.03	-11.13
2016	14.97	12.17	45.58	-6.96	50.22

资料来源：2006—2016 年《中国城市统计年鉴》。

从图 3-1 和表 3-1 可以看出，在近 10 年，五个城市单位工业生产总值废水排放量整体呈下降趋势。分城市来看，北京市单位工业生产总值废水排放量一直处于较低水平，各年水平都在 0.0002 万吨/万元以下，单位工业生产总值废水排放量可以代表提升单位生产总值牺牲的环境代价，所以北京市经济发展对环境带来的影响最小。这与北京市第三产业占比较高有很大关系，近年来，北京市第三产业占 GDP 比重一直都在 70% 以上，在 2016 年已经达到了 80.23%。与第三产业相比，第二产业具有高污染、高排放、高消耗的特点，对环境影响副作用较大。所以北京市这样一个第三产业占绝大比例的城市，单位工业生产总值废水排放量处于较低水平。天津市单位工业生产总值废水排放量 2006 年以来有较大程度减少，从 2006 年的 0.000527 下降到 2018 年的 0.0001，下降 5 倍多，绝大多数年间下降率都达到两位数。唐山市单位工业生产总值废水排放量下降程度较明显，从 2006 年的 0.001216 下降到 2016 年的 0.000209。在 2010 年，下降率达到了 36.24%，2013 年达到了 37.85%。石家庄市单位工业生产总值废水排放量也有明显下降。2016 年下降率达到了 45.58%。虽然在 2011 年、2012 年有稍许上升，但是在 2012 年之后又有大幅下降。秦皇岛市单位工业生产总值废水排放量近十年下降幅度较明显。在 2006—2008 年有较大幅度下降，下降率接近 20%，但在 2008—2015 年下降幅度不明显。在 2016 年再次出现大幅下降，比率达到了 50.22%。可以看出，河北省各城市在控制废水排放方面成效明显，各地区越来越注重在经济发展的同时注重环境效益。

2. 单位工业生产总值二氧化硫排放量

选取 2006—2016 年，北京、天津以及河北省 11 个地级市的单位工业生产总值二氧化硫排放量进行对比。为了分析的结果更加直观，选取北京、天津、石家庄、唐山与秦皇岛五个地区的单位工业生产总值二氧化硫排放量做出折线图进行对比如图 3 - 2、表 3 - 2 所示。

根据图 3 - 2、表 3 - 2 可以看出，京津冀地区单位生产总值二氧化硫排放量整体呈下降趋势。在 2006—2010 年间，各城市单位生产总值二氧化硫排放量下降幅度较大，在 2011 年，石家庄市、唐山市、秦皇岛市的排放量有所上升，上升率各为 18.83%、14.47%、秦皇岛市达到了 46.86%。这种上升趋势在 2012 年得到抑制，2012—2014 年，这三市的单位生产总值二氧化硫排放量稍许减少，但仍处在较高水平，而后在 2015—2016 年有明显下降。分城市来看，北京市单位生产总值二氧化硫排放量水平与其他各城市相比，常年处于较低水平。这与天津市和河北省各城市以工业为主而北京市以服务业为主有很大关系。近几年，京津冀各地区二氧化硫排放治理有显著成效。以唐山市为例，唐山市单位生产总值二氧化硫排放量从 2006 年的 0.012533 吨/万元下降到 2016 年的 0.001973 吨/万元，除 2011 年外，每年下降率均达到两位数，2016 年更是达到了 43.90%。各城市越来越重视环境治理，重视经济增长的综合效益。河北省 2013 年开始实施钢铁、水泥、电力、玻璃四大行业大气污染治理攻坚行动方案，对四大行业进行脱硫脱硝除尘达标治理，从以上图表可以看出，治理初见成效。这些只是各省份重视环境治理的一个缩影，从以上数据也可以看出，在今后一段时间单位生产总值二氧化硫排放量会逐步下降。

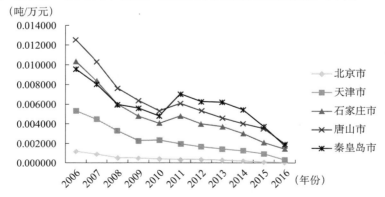

图 3 - 2　2006—2016 年京津冀地区单位工业生产总值二氧化硫排放量

资料来源：《中国城市统计年鉴》。

表 3 − 2　2007—2016 年京津冀地区单位工业生产总值二氧化硫排放量下降率

单位：%

年份	北京市	天津市	石家庄市	唐山市	秦皇岛市
2007	25. 59	16. 48	19. 33	17. 59	15. 89
2008	37. 85	25. 80	27. 91	26. 03	25. 67
2009	10. 51	30. 36	20. 60	16. 34	6. 13
2010	18. 31	− 2. 59	15. 19	16. 66	14. 35
2011	6. 35	16. 82	− 18. 83	− 14. 47	− 46. 86
2012	12. 02	14. 84	17. 03	12. 41	10. 84
2013	19. 58	13. 47	6. 66	13. 49	1. 46
2014	29. 12	14. 08	19. 15	12. 81	11. 99
2015	49. 30	24. 76	30. 78	12. 66	31. 61
2016	58. 33	67. 38	30. 70	43. 90	52. 11

3. 单位工业生产总值烟尘排放量

选取 2006—2016 年，北京、天津以及河北省 11 个地级市的单位工业生产总值烟尘排放量进行对比。为了分析的结果更加直观，选取北京、天津、石家庄、唐山与秦皇岛五个地区的单位工业生产总值烟尘排放量做出折线图进行对比。数据说明：秦皇岛市 2015 年烟尘排放量出现剧烈波动，因无法找到具体详细数据，只有最后综合计算生成的数据，无法得知具体升高的原因，另也不排除人为计算或出版问题如图 3 − 3 ~ 图 3 − 6 及表 3 − 3 所示。

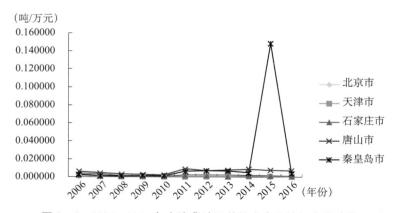

图 3 − 3　2006—2016 年京津冀地区单位生产总值烟尘排放量

资料来源：2006—2016 年《中国城市统计年鉴》。

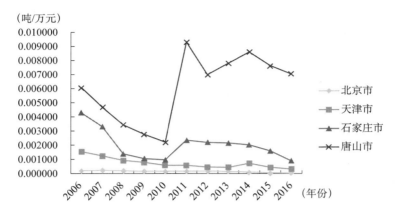

图 3 - 4　2006—2016 年京津冀地区单位生产总值烟尘排放量（除秦皇岛）

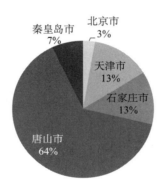

图 3 - 5　2014 年京津冀地区烟尘排放总量占比

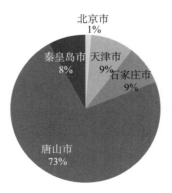

图 3 - 6　2016 年京津冀地区烟尘排放量占比

表 3 - 3　2006—2016 年京津冀地区单位工业生产总值烟尘排放量减少率　单位：%

年份	北京市	天津市	石家庄市	唐山市	秦皇岛市
2007	-17.96	19.11	22.44	22.77	47.78
2008	13.21	25.68	58.21	26.87	19.63
2009	17.61	15.46	24.75	19.17	-8.78
2010	4.01	25.20	8.02	20.35	6.15
2011	-20.08	0.99	-145.39	-321.52	-433.75
2012	4.65	20.76	7.16	24.85	-6.14
2013	19.20	4.60	1.22	-11.80	3.43
2014	23.62	-63.23	6.59	-10.15	26.14
2015	47.00	37.42	20.60	11.16	-2 913.91
2016	45.64	28.23	44.48	7.87	97.58

　　从图 3 - 3 ~ 图 3 - 6 及表 3 - 3 可以看出，各地区单位工业生产总值烟尘排放量有很大差距。分地区来看，北京市单位工业生产总值烟尘排放量水平最低，并且在近几年下降比率很大，2015 年、2016 年分别达到了 47%、45.64%。天津市单位工业生产总值烟尘排放量呈现稳中有降的趋势，除 2014 年外，其余年份都在以不同速度下降，整体水平相比于其他城市较低。石家庄单位工业生产总值烟尘排放量在 2006—2008 年下降较明显，2011 年有提高，2015 年、2016 年又有明显下降。唐山市单位工业生产总值烟尘排放量波动较大。2010 年出现大幅上升，并在未来几年始终维持在较高水平，其值远远超过其他城市。从各地区烟尘排放总量来看，唐山市排放总量在几个城市中最大，2014 年占比达到 64%，2016 年高达 73%。石家庄和天津市占比相同，稍高于秦皇岛。北京市占比最低，在 2016 年仅占比 1%。

　　从以上各指标分析可以看出，虽然各地情况不完全相同，但从整体来看京津冀地区生态环境保护取得成效，各污染物排放量正在逐年下降，各地也更注重经济发展的环境效益。2014 年，京津冀协同发展战略将生态环境保护合作提升到一个新高度。几年来，京津冀地区携手对抗环境问题，调整产业结构、促进产业转型、完善立法、加强监管，在生态环境保护方面取得长足进展。

　　京津冀协同发展战略提出以来，河北压减全省钢铁、煤炭、水泥、平板玻璃和焦化等过剩产能，对城市主城区企业实施"退城搬迁"，提高标准实施工业污染治理,在京津周边推进保定、廊坊、张家口和秦皇岛的落后钢铁产能退出。天津则依托"双城双港"整体布局,在企业搬迁调整的过程中同步实现产业转型升级,发展人工智能、生物医药、新能源新材料等新兴产业,加快钢铁产业结构优化调整,启动实施荣程钢铁、天钢联合特钢超低排放改造。以 2013 年国务院"大气十条"发布当年的数据为参照基准,截至 2018 年,北京的重污染日从 58 天减为 15 天,天津的重污染日从 49 天减为 10 天,河北的重污染日从 80 天减为 17 天。京津冀及周边地区"2+26"城市 2018 年平均优良天数比例为 50.5%。另有监测数据显示,2018 年北京主要污染物年均浓度与 2013 年相比显著下降,二氧化硫、PM2.5、PM10、二氧化氮年均浓度分别下降 77.8%、42.7%、27.8%、25.0%。2018 年连续 195 天没有发生 PM2.5 重污染,优于 2013 年的连续 87 天。经过三地共同努力,京津冀环境治理合作逐步深入,京津冀生态环境协同治理成效显著。

二、资源循环经济

(一) 循环经济定义

循环经济强调资源的高效使用,以最小的污染成本与资源消耗来创造最大的社会价值。国家发改委对循环经济的定义是"循环经济是一种以资源的高效利用和循环利用为核心,以'减量化、再利用、资源化'为原则,以低消耗、低排放、高效率为基本特征,符合可持续发展理念的经济增长模式,是对'大量生产、大量消费、大量废弃'的传统增长模式的根本变革。"该定义指出了循环经济的核心内涵。循环经济的实现可以有效促进经济发展与环境保护相协调,是可持续发展理念的体现。循环经济有利于从源头遏制污染,对解决当前"高消耗、高污染、低效率"的企业发展模式具有很大现实意义。企业应推进使用清洁能源,充分利用资源,减少产生的废弃物。工业园区应加强资源的有效利用,力争实现零排放。当前应高度关注能源的使用、废弃物的再利用等方面的内容。全面提高资源利用率,力争形成资源节约型、环境友好型社会。

（二） 数据收集与含义

选取京津冀地区在 2006—2016 年《中国城市统计年鉴》中固体废物综合利用率、污水处理厂集中处理率、生活垃圾无害化处理率作为社会城镇化的研究对象。

1. 固体废物综合利用率

固体废物是指在工业生产中排放到外部环境的各种废渣、粉尘及其他废物。通常可分为一般工业废物与工业有害固体废物。固体废物堆放占用大量宝贵的土地资源，造成资源浪费。许多固体废弃物中含有有害物质，会污染水源、土壤。固体废物阻塞河道，污染水源的现象并不少见。在水中和土地上的固体废弃物影响动植物生存甚至危害人体健康。然而，固体废弃物中仍然含有不少有用物质，如果经过一定的处理和加工，可以将其提取出来，应用到工业、农业生产中，还可以将有些固体废弃物转变为能源，使其成为可利用的二次资源。这种由固体废物到有用物质的转化称为固体废物的综合利用，或称为固体废物的资源化。随着经济的快速发展，固体废弃物的产量也在不断上升，只有对其进行有效的二次利用才能减少对环境的污染，使能源、资源得到充分利用，有利于循环经济和资源能源的可持续发展。固体废物综合利用率单位:%。

2. 污水处理厂集中处理率

污水包括生活污水和工业废水。生活污水顾名思义，就是指居民生活中产生的污水。工业废水包括生产废水、生产污水及冷却水，是指工业生产过程中产生的废水和废液。工业废水中含有随水流失的工业生产用料、中间产物、副产品以及生产过程中产生的污染物。工业废水种类繁多，成分复杂。可能含有汞、铅、镉等各种重金属，工业废水中还常含有多种有毒物质。因此，与生活污水相比，对环境和人体健康都产生非常不利影响。污水处理是为使污水达到排入某一水体或再次使用的水质要求对其进行净化的过程。工业废水如果没有经过处理就排入河流，严重的会导致整条河流的污染。因此要对工业生产的废水进行集中处理再排放，综合利用，化害为利。污水处理率指经过处理的生活污水、工业废水量占污水排放总量的比重。污水处理厂集中处理率单位:％。

3. 生活垃圾无害化处理率

随着我国城市化的进一步发展以及人民生活水平的显著提高，城市中生产和生活的垃圾显著增加。生活垃圾数量庞大、成分复杂、占地面积大，对环境有极大消极影响。如果不能妥善处理，影响环境卫生，浪费资源，破坏生产生活安全，破坏社会和谐，不仅对环境产生极大影响，还会对居民的身体健康也造成重大危害。所以必须对生活垃圾进行无害化处理，并综合利用。垃圾的无害化处理是指通过物理、化学、生物以及热处理等方法处理垃圾，以达到不危害人体健康，不污染周围环境的目的。从而，将生活垃圾进行无害化的处理，对于人民生活水平的提高具有显著的作用，生活垃圾无害化处理率单位:％。

（三）　数据的初步分析

1. 固体废物综合利用率

选取 2013—2016 年，北京、天津以及河北省 11 个地级市的固体废物综合利用率进行对比。为了分析的结果更加直观，选取北京、天津、石家庄、唐山与秦皇岛五个地区的固体废物综合利用率做出柱状图进行对比（见图 3 - 7）。数据说明：北京市 2016 年固体废弃物综合利用率数据存在缺失，这里用简单移动平均法，利用 2014 年、2015 年数据的均值来替代。

根据图 3 - 7 可以看到，五个地区在 2015 年固体废物综合利用率均达到 60％ 以上，2016 年达到 70％ 以上。北京、天津、石家庄、唐山市的固体废弃物综合利用率相对稳定，没有较大幅度变化。秦皇岛市固体废物综合利用率连年增加，2013—2016 年各年增加率分别为 33.15％、31.79％、5.46％、19.46％。综合利用率从 2013 年的 49.32％ 上升到 2016 年的 81.89％，增长近 1 倍。各地区固体废物综合利用率水平不尽相同。天津市、石家庄市近四年固体废物综合利用率接近 100％，北京市近四年均在 80％ 以上，唐山市近 4 年均在 70％ 以上。

随着我国工业水平的发展，固体废物数量逐渐增加。固体废物一般分为工业固体废物与危险固体废物。工业固体废物占地面积大，难以进行有效的处理；危险固体废物通常采用填埋、焚烧等方式，但又造成土地资源的浪费与大气污染。京津冀地区是重工业集中区域，也是工业固体废物和再生资源高度集中的产地，资源的紧缺和环境的恶化使京津冀地区工业固体废弃物再利用显得尤为重要。2014 年京津冀及周边省区新产生大宗工业固体废物共 23.7 亿吨，占全国总数的近 60%，这也导致了京津冀地区大宗工业固体废物大量堆积。大量工业固体废物堆存，不仅造成了资源的浪费，而且给区域生态环境带来巨大压力。

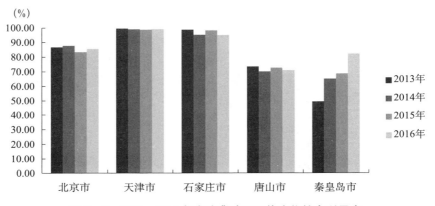

图 3 - 7　2013—2016 年京津冀地区固体废物综合利用率

资料来源：《中国城市统计年鉴》。

对于京津冀地区的固体废弃物综合利用，不管是国家还是各地政府都高度重视。2014 年 9 月 25 日，工信部表示，将制定推动工业固体废物资源化利用实施方案，建立完善工业固废资源化利用产业链，促进工业固体废物规模化、高值化利用。2015 年 7 月，工信部同北京、天津、河北省、山西省、内蒙古、山东省经信部，在唐山启动了《京津冀及周边地区工业资源综合利用产业协同发展行动计划》。指出要推动工业固体废物综合利用产业区域协同发展、推进再生资源回收利用协同发展、加快建设资源综合利用产业示范基地和园区、加快建设区域工业资源综合利用创新平台。从以上数据看出，上述行动计划对各地尤其是唐山市固体废弃物利用起到了积极作用。

2. 污水处理厂集中处理率

选取 2006—2016 年，北京、天津以及河北省 11 个地级市的污水处理厂集中处理率进行对比。为了分析的结果更加直观，选取北京、天津、石家庄、唐山与秦皇岛五个地区的污水处理厂集中处理率作出折线图进行对比（见图 3－8、图 3－9）。数据说明：2016 年天津市污水处理厂集中处理率数据缺失，利用简单移动平均法，将其用 2014 年、2015 年数据的平均值替代。

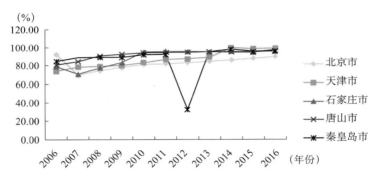

图 3－8　2006—2016 年京津冀地区污水处理厂集中处理率

资料来源：《中国城市统计年鉴》。

根据图 3－8、图 3－9 看出，2012 年秦皇岛市污水处理厂集中处理率出现骤降，由前后年份的 80% 以上骤降至 32.54%。因无法找到具体的数据，只有最后综合计算生成的数据，因此无法得知具体下降的原因，另外不排除人为计算或出版问题。除 2012 年秦皇岛市数据，整体来看，各城市污水处理厂集中处理率整体呈逐步上升趋势。

2013 年，各城市污水处理厂集中处理率均在 80% 以上，2016 年达到了 90% 以上。分城市来看，北京市污水处理厂集中处理率在几个城市中处于较低水平。在 2007 年有较大幅度下降，由 92.48% 下降到 69.56%，虽然之后年份中逐渐上升，直至 2016 年上升至 90%，但是在几个城市中仍然处于最低水平。天津市污水处理厂集中处理率稳中有进，在 2014 年有较大提升，之后年份一直保持在 99% 以上，甚至达到了 100%。在 2007—2010 年间，石家庄市污水处理厂集中处理率有较大幅度提升，2010 年达到 95.30%，并在之后年间一直保持在 95% 以上。唐山市污水处理厂集中处理率也呈现稳中有进的趋势，在 2010—2015 年间，保持在 94%～95%，在 2016 年达到了 98%。

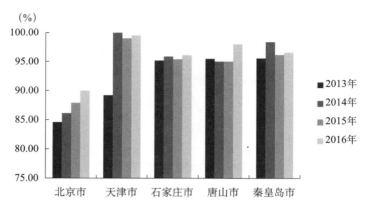

图 3 - 9 2013—2016 年京津冀地区污水处理厂集中处理率

资料来源：《中国城市统计年鉴》。

水资源匮乏是京津冀地区面临的一个重大难题。据《国家统计年鉴》数据显示：2017 年全国人均水资源 2 074.5 立方米/人，北京人均水资源量 137.2 立方米/人，天津人均水资源量 83.4 立方米/人，河北省人均水资源量 184.5 立方米/人，三地人均水资源量不足全国人均水资源量的 9%，水资源匮乏不言而喻。除此之外，京津冀地区所在海河流域在全国河流地表水水系中水质最差。京津冀地区地表水污染严重，地下水开采过度，水质恶化等问题加剧了水资源的供需矛盾。国家以多种方式进行调水来缓解居民、企业用水紧张的局面，工业废水的产生与任意排放是造成水资源污染的关键因素。因此，三地水资源保护行动迫在眉睫，任务艰巨。

京津冀地区对水环境治理高度重视。在"十三五"规划期间，各地对污水处理率提出了明确要求，其中天津和河北省提出到 2019 年城市污水处理率达到 95%。最近几年，京津冀三地一直在推动水环境治理的区域合作。2017 年天津市与河北省签订了《关于引滦入津上下游横向生态补偿的协议》，使区域协同治理水环境上升到更高层次。

3. 生活垃圾无害化处理率

选取 2006—2016 年，北京、天津以及河北省 11 个地级市的生活垃圾无害化处理率进行对比。为了分析的结果更加直观，选取北京、天津、石家庄、唐山与秦皇岛市五座城市的生活垃圾无害化处理率做出条形图进行对比（见图 3 – 10、图 3 – 11）。数据说明：2014 年秦皇岛市生活垃圾无害化处理率数据为 157.94%，因此，本书用 2013 年和 2015 年平均值进行替代。

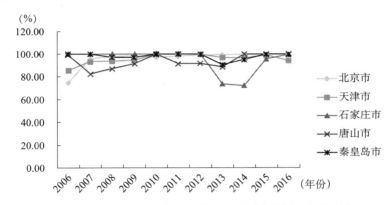

图 3 – 10　2006—2016 年京津冀地区生活垃圾无害化处理率

资料来源：《中国城市统计年鉴》。

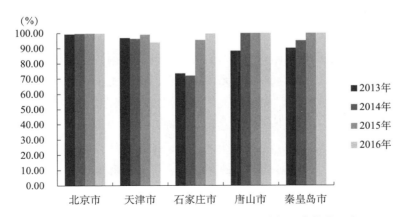

图 3 – 11　2013—2016 年京津冀地区生活垃圾无害化处理率

资料来源：《中国城市统计年鉴》。

49

从图3－10、图3－11可以看出，五个城市近十年的生活垃圾无害化处理率均在70％以上。分城市来看，石家庄市生活垃圾无害化处理率在2006—2012年均达到100％，但是在2013年、2014年出现大幅下降，下降至70％。2015年开始，又出现大幅回升，2016年达到99.54％。唐山市近十年的生活垃圾无害化处理率波动幅度较大，在80％～100％波动，在2015—2016年呈现较稳定状态，均达到100％。天津市和秦皇岛市生活垃圾无害化处理率处于较稳定水平。北京市生活垃圾无害化处理率在2006年出现大幅上升后，一直稳定在较高水平，近五年均达到99％以上。总体来看，京津冀地区的生活垃圾无害化处理率整体水平较高。

由于人民生活水平的提高，城镇垃圾的数量急剧增加，若垃圾处理的能力不足，就会严重影响城镇居民的生活水平。提高城镇生活垃圾无害化处理方式，可以切实改善城镇居民的生活水平，是社会文明程度的重要表现，关乎城镇居民的切身利益。近年来，国家对于生活垃圾无害化处理高度重视。发展改革委、住房城乡建设部、环境保护部于2012年4月19日印发并实施《"十二五"全国城镇生活垃圾无害化处理设施建设规划》。规划为提高城镇生活垃圾无害化处理水平，切实改善人居环境作指导。2016年12月31日，国家发展改革委住房城乡建设部又印发了《"十三五"全国城镇生活垃圾无害化处理设施建设规划》指出，城镇生活垃圾无害化处理设施是城镇发展不可或缺的基础设施，是人民安全健康生活的重要保障。

随着城镇化的快速发展和人民生活水平日益提高，我国城镇生活垃圾清运量仍在快速增长，生活垃圾无害化处理能力和水平仍相对不足，大部分建制镇的生活垃圾难以实现无害化处理，垃圾回收利用率有待提高。应继续加大生活垃圾无害化处理能力建设，提升运营管理水平，拓展服务范围，加快垃圾收运处理领域的市场化进程，推进生活垃圾源头分类，提高资源化利用水平，最终实现垃圾的减量化、资源化和无害化。所以，京津冀地区要继续保持对生活垃圾无害化处理的高度重视，使其保持在较高水平。

三、产业循环经济

（一）矿产资源综合利用

我国矿产资源中共伴生矿多、单一矿少，国内已开发利用的 141 种矿产中有 87 种是共伴生矿，约占总数的 63%。据统计，已探明矿床中，伴生两种以上有用矿产的矿床约占 80%，一些大型综合性矿床伴生有价组分的经济价值远远超过主元素的价值。

京津冀地区矿产资源丰富，截至 2013 年，共探明矿种 151 种，查明资源储量的 120 种。矿产种类齐全，铁矿、金矿、煤矿以及化工、建材等诸多资源均有分布，其中铁矿占全国总量的 14.31%，主要分布在河北境内，储量占到区域整体的 97%。区域内富矿少、贫矿多，金属矿矿山以中小型私营矿为主，国有大中型矿山企业较少。根据统计结果，京津冀地区矿山企业中的大型矿产北京、天津、河北各有 202 个、421 个和 3 817 个，小型矿产北京、天津、河北各有 47 个、114 个、245 个。矿产资源开发的企业明显呈现集聚分布的特点，大致可划分为三大区，即以承德—秦皇岛—唐山为主的东北企业分布圈，以张家口—保定为主的西部企业分布圈，以及以邢台—邯郸为主的南部企业分布圈。

1. 煤系共伴生矿产

京津冀地区煤系共伴生矿产资源总计 100 余种，其中具有开采价值的有 20 余种，其中高岭土、硫铁矿等居国内前列，同时，煤矿中还伴生可以利用的煤层气（矿井瓦斯气）和矿井水等可利用资源。截至 2013 年，京津冀地区煤矿 240 处，年产矿量 6 856.98 万吨，2014 年京津冀地区煤炭资源基础储量 47.69 亿吨，原煤产量 7 100 万吨，年产量增长 3.5%。2015 年，京津冀地区煤炭资源井工煤矿薄煤层采区回采率平均达到 80%以上，露天煤采区回采率平均达到 90%，近几年来，京津冀地区的煤层气开采整体表现良好，采收率稳定在 50% 左右，实现对煤系共伴生矿产的综合利用。

2. 石油天然气共伴生矿产

截至 2014 年，京津冀地区石油储量为 29 773.5 万吨，主要分布于河北省；天然气储量为 603.02 亿立方米，主要分布于天津市和河北省。京津冀地区石油天然气共伴生矿产包含油页岩、轻烃、硫黄等成分，综合利用潜力巨大。油页岩是一种潜在的、储量巨大的能源，可以作为石油资源的替代和补充，我国油页岩储存量丰富，其中埋深小于 1 000 米、含油率大于 3.5 的油页岩资源储量为 7 199 亿吨。河北省的油页岩主要分布于唐山、承德、张家口、邯郸、邢台五市，目前已经着手开发。油页岩的用途可分为以下四种：①作为燃料发电；②干馏制取页岩油及相关产品；③制成建筑材料和肥料；④回收高岭土、硫黄等伴生矿产。京津冀的轻烃资源应用于合成化工材料，燃烧发电以及用作燃料等用途。

3. 黑色金属共伴生矿

京津冀地区黑色金属共伴生矿产达 30 种，其中有 20 种得到了充分利用。截至 2014 年，京津冀地区铁矿（矿石）储量达 29.87 亿吨，其中占比较大的四种伴生矿为锰矿（矿石）、铬矿（矿石）、钒矿和原生钛铁矿，储量分别为 7.05 万吨、4.64 万吨、10.28 万吨和 283.68 万吨，可利用价值巨大。

2010 年以来，京津冀地区地采矿出品位逐渐降低，回采率逐步升高。至 2016 年，京津冀地区铁矿地采矿回采率达到 90%，地下铁矿回采率达 81%，回采率提高幅度明显，综合回采率达到国家标准，铁矿得到充分开采。同时，地区铁矿石平均品位在 32% 左右，部分富矿品位达到 50%，相比 2014 年铁矿石平均品位 34% 有所降低。锰矿、铬矿、钒矿和原生钛铁矿等伴生矿的综合利用方面取得了技术研究突破和产业化突破，钒钛磁铁矿的露采可视化调度系统及高压辊磨干选抛尾技术使其得到了有效利用。

（二）农业循环经济

1. 秸秆

国家发改委发布的《京津冀及周边地区秸秆综合利用和禁烧工作方案

（2014—2015 年）》提出的总体目标是，到 2015 年，京津冀及周边地区秸秆综合利用率平均达到 88% 以上，新增秸秆综合利用能力 2 000 万吨以上。《方案》介绍了秸秆综合利用和焚烧情况，结果显示，2013 年京津冀及周边地区秸秆可收集量 2 亿吨，利用量 1.6 亿吨，秸秆综合利用率81%，比 2008 年提高 12.3 个百分点。北京市、天津市、河北省秸秆综合利用率分别为 85.6%、76.6%、83%。秸秆禁烧情况显示，2013 年，京津冀及周边地区中，北京市、天津市焚烧秸秆火点数均有所减少，河北省地区秸秆焚烧火点数有所增加。北京市实现 2013 年夏秋两季 0 火点数，天津市、河北省火点数分别为 11 个、481 个。其中，天津市比 2012 年减少 63.3%，河北省比 2012 年增加了 27.6%。2015 年，京津冀及周边地区秸秆综合利用率平均达到 88% 以上，新增秸秆综合利用能力 2 000万吨以上；基本建立农民和企业"双赢"，价格稳定的秸秆收储运体系，初步形成布局合理、多元利用的秸秆综合利用产业化格局（见图 3－12、图 3－13）。

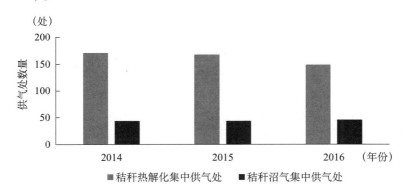

图 3－12　2014—2016 年京津冀地区秸秆供气处数量

资料来源：《中国农业统计资料》。

"十二五"期间，国务院、国家发改委、农业部牵头，多部门围绕实现国务院确定的秸秆综合利用目标出台了一系列的扶持政策，出台保护性耕作、秸秆养畜、秸秆腐熟还田、秸秆能源化利用等激励政策，将秸秆粉碎还田机械等纳入农机购置补贴范围，将部分秸秆综合利用技术列入国家"863""973"等科技支撑计划，大力支持秸秆回收利用、能源化工作，据统计 2011 年至 2014 年，仅河北省就此项内容投入 4.66 亿元，大力推

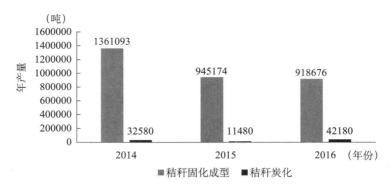

图 3 - 13　2014—2016 年京津冀地区秸秆固化成型炭化产量

资料来源：《中国农业统计资料》。

进了农业的循环经济。

2. 畜禽粪便

畜禽粪便主要指畜禽养殖业中产生的一类农村固体废物，包括猪粪、牛粪、羊粪、鸡粪、鸭粪等。2016 年 12 月 21 日，习近平总书记在中央财经领导小组会议上明确提出，加快推进畜禽养殖废弃物处理和资源化，关系 6 亿多农村居民生产生活环境，关系农村能源革命，关系不断改善土壤地力、治理好农业面源污染，是一件利国利民的长远好事。政府支持、企业主体、市场化运作是畜禽养殖废弃物处理和资源化利用的方针，沼气和天然气是畜禽养殖废弃物处理的方向，主要应用于农村能源以及农业有机肥，2016 年以来，我国出台畜禽养殖废弃物处理相关政策，力争在"十三五"时期基本解决大规模畜禽养殖场粪污处理和资源化的问题。

京津冀地区的畜禽养殖规模基本涵盖了全国高、中、低三档不同的规模化养殖水平。据测算，当前京津冀地区的畜禽存栏总量约占全国 6.9%，虽然京津冀地区养殖总量不高，但由于京津冀地区耕地资源有限，由此造成的单位耕地氮、磷负荷是全国的 2.5 ~ 4.6 倍，相比其他地区，京津冀地区更需要对畜禽粪便进行合理化处理。2015 年，京津冀地区沼气用户数量为 273.3 万户，年总产气量为 66 919 万立方米，年户均产气量 881 立方米；2015 年，京津冀地区沼气用户数量为 269 万户，年总产气量为 61 654 万立方米，年户均产气量 874.5 立方米。京津冀地区沼气应用整体水平较高，分布较为广泛。

京津冀地区正推广三种养殖主体技术模式：家庭农场废弃物处理利用模式、典型养殖场废弃物资源化利用模式和粪污专业化处理利用模式。目前，北京市农林科学院克服了几项关键技术瓶颈，如牛粪沼泥有机肥制备技术，明确了沼泥堆肥原料配方，确定了沸石、生物质炭和菌剂等外源添加剂比例，成功研制出具有自主知识产权的沼液滴灌技术，解决了沼液滴灌易堵塞的难题，减少了因沼液排放造成的农业面源污染。天津市计划到2019年全市规模畜禽养殖场完成治理，粪污处理设施装备配套率达到100%，到2020年畜禽粪污综合利用率达到90%以上，优化畜牧业布局。河北省则通过就地消纳的小循环、农牧结合的中循环和县域生态农牧业的大循环构建区域生态循环绿色农牧业，目前全省畜禽粪污综合利用率已经达到65%。

3. 林业三剩物和次小薪柴

林业三剩物是采伐剩余物、造材剩余物和加工剩余物的统称，目前，京津冀地区林业剩余物能源化利用已经取得了大的进展，形成以成型塑料、液体燃料、热电联产、气体燃料等为主的多元化格局。生物质成型燃料加工技术正逐渐成熟，市场需求也在迅速增长。生物合成液体燃料先进技术得到了重大突破，以灌木平茬物为燃料的林业生物质热电联产机组已经投产运营，木质纤维素转化乙醇技术研发取得了重大进展。

（三）工业循环经济

1. 尾矿

选矿中分选作业的产物中有用目标组分含量较低而无法用于生产的部分称为尾矿。尾矿是有待挖潜的宝藏，我国矿业循环经济当前的任务重点在于开发利用长期搁置的大量尾矿。我国尾矿种类以行业分类主要包括黑色金属尾矿、有色金属尾矿、稀贵金属尾矿和非金属矿尾矿。

我国尾矿累积堆存数量巨大，综合利用潜能大，2015年我国尾矿排放量最高达15亿吨以上，2015年我国尾矿和废石堆存量已接近600亿吨，其中废石堆存438亿吨，75%为煤矸石和铁铜开采产生的废石；尾矿堆存

146亿吨，83%为铁矿、铜矿、金矿开采形成的尾矿，综合利用潜力巨大。2016年，我国尾矿产生量为16.03亿吨，同比增长1.01%，其中铁尾矿7.89亿吨，铜尾矿3.40亿吨，黄金尾矿2.18亿吨，其他有色及稀贵金属尾矿1.18亿吨，非金属矿尾矿1.56亿吨。尾矿综合利用量为3.58亿吨，综合利用率为22.33%，如图3-14、图3-15所示。

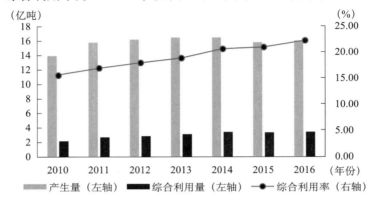

图3-14 2010—2016年我国尾矿产生与利用情况

资料来源：中国资源综合利用年度报告。

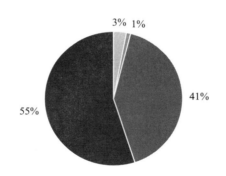

■再选回收 ■其他 ■生产建材 ■矿山空场充填

图3-15 京津冀地区尾矿利用途径及比例

资料来源：中国矿产资源节约与综合利用报告。

2016年10月28日，京津冀尾矿综合利用技术研讨会暨京津冀尾矿综合利用产业技术创新联盟成立大会在河北承德市成功召开，此次会议旨在贯彻落实京津冀协同发展战略，推进尾矿废石综合利用技术的发展、大规模消纳技术工艺的普及、高附加值技术工艺的推广以及综合利用高效节能装备的升级。河北省承德市 2015 年尾矿处理实现产值 125 亿元，有效利用尾矿 5 000 多万吨。力争到 2020 年，新型建材实现产值 500 亿以上，新排尾矿利用率达到 100%，初步形成了新型建材、有价元素提取、农业利用、矿山生态四大应用系列。尤其是在新型建材产业上，已先后实施重点项目 100 多个，形成了十大系列 50 多种产品。

《京津冀及周边地区工业资源综合利用产业协同发展行动计划》表示将在河北承德、唐山等地区改造和建设 10 个以上年产能 100 万~500 万吨的废石和尾矿提取有价组分协同生产优质砂石料示范项目，建设针对京津的绿色环保建材供应基地，实现年利用尾矿废石替代京津冀地区天然砂石用量 1.2 亿吨。依托金隅集团、冀东集团、金泰成环境资源公司等龙头企业在河北承德、唐山、邢台等地建设 10 个以上尾矿和废石生产预拌泵送混凝土项目、10 个以上尾矿干混砂浆项目，促进混凝土、砂浆产业绿色化发展和产业结构跨区域深度调整。

2. 其他工业资源综合利用情况

京津冀及周边地区是我国重化工业集中的区域，也是工业固体废物和再生资源高度集中的产地。2014 年京津冀及周边地区产生大宗工业固体废物（含废石）16.4 亿吨，其中北京 0.5 亿吨、天津 0.2 亿吨、河北 15.7 亿吨，仅河北省承德市尾矿库就达 867 座，尾矿存积量近 22 亿吨；主要再生资源（包括废钢铁、废有色金属、废塑料、废轮胎、废橡胶、废纸、废弃电子电器、报废汽车等）产生量 4 410 万吨，其中北京 550 万吨，天津 360 万吨，河北 1 080 万吨。大量工业固体废物堆存，不仅造成了资源的浪费，而且给区域生态环境带来巨大压力。

近年来，京津冀及周边地区工业资源综合利用工作取得了积极成效。在河北建设了承德大宗工业固体废物综合利用基地，形成了有价元素回收、固体废物制备新型建材等产业。天津、河北等地形成了废金属、废塑料、废电子电器等回收利用集聚区。培育了北京金隅、河北冀东、承德炫靓等一批综合利用龙头企业。

《京津冀及周边地区工业资源综合利用产业协同发展行动计划》表示

要重点落实协同利用钢渣、矿渣、煤矸石、粉煤灰和脱硫石膏。目前京津地区高校、科研院所已与北京、天津、河北的企业对接合作，已在河北邢台、沧州、邯郸、唐山、承德等地建设一批钢渣、矿渣、粉煤灰、脱硫石膏协同利用生产高性能胶凝材料和节能建筑部品企业，发展煤矸石综合利用热电联产、煤电建材一体化，支持煤矸石综合利用电厂实施超低排放和清洁生产改造。实现年消纳工业固体废物 9 000 万吨，替代水泥 800 万吨。完善了工业固体废物协同利用标准体系，推动跨行业跨产业链协同利用，实现钢铁、电力、建材等产业之间耦合，促进转型升级和绿色发展。

第四章　京津冀城镇化发展情况综述

一、人口城镇化

（一）数据的选取

京津冀地区城镇化的建设注重以人为本，国务院总理李克强更是高度关注"人的城镇化"这一概念，并在政府工作报告中首次提出了"三个一亿人"的问题，在城镇化发展中不论是居民的落户、就地城镇化发展还是棚户区改造等问题都体现了这一概念。京津冀地区，未来城镇化建设中应注重人口的有序迁移与人口落户等方面的问题。由于人们的生活水平不断提高，人们对居住环境的要求也相应提高。为此，我们首先把人口密度纳入我们的研究对象。

在京津冀城镇化与循环经济的发展中，不应仅仅关注到民生问题，还应注重其周边地区产业的发展。北京、天津两座城市的发展略领先于河北省其他城市，但两座超级城市对周边城市的影响辐射作用非常弱，而且中小城市为进一步发展所获得的支持与引导远远不够。因此，将第二产业就业人数比重、第三产业就业人数比重与登记失业率作为研究对象，进一步分析不同产业的就业人数对地区发展的影响。

（二）数据收集与含义

选取京津冀地区在2006—2016年《中国城市统计年鉴》中人口密度、第二产业就业人数比重、第三产业就业人数比重与登记失业率作为人口城镇化的研究对象。

1. 人口密度

人口密度是指单位面积的土地上所居住的人口数。人口密度与经济发展具有紧密的联系。一方面，一个经济发展较快的地区往往拥有完善的基础设施、良好的教育、医疗条件。这些有利因素吸引大量人口迁入，使人口密度提高。另一方面，人口密度大的城市拥有较多的人力资本，具有人口密集优势。这些人力资本会为这个地区的经济发展注入活力，将促进经济的发展。当然，这并不意味着高人口密度必然带来高经济增长。人口密度过大又会在一定程度上阻碍经济的发展，资源的压力是一个重要方面，当人口密度过大时，对资源的需求不断增长，而一个地区的资源总量是一定的，资源压力的不合理增长会对经济发展带来负面影响。人口密度通常分为农业人口密度、比较人口密度与经济人口密度。

2. 第二产业就业人数比重

第二产业主要指加工制造产业，利用自然界和第一产业提供的基本材料进行加工处理。根据《国民经济行业分类》（GB/T 4754—2011），我国的第二产业是指采矿业（不含开采辅助活动），制造业（不含金属制品、机械和设备修理业），电力、热力、燃气及水生产和供应业、建筑业。工业在促进经济和社会发展中起着举足轻重的作用，在增加出口、带动就业、繁荣市场方面都有很大贡献，是国民经济的重要支柱产业。第二产业的就业人数能够反映地区生产水平的高低。第二产业就业人数比重单位:% 。

3. 第三产业就业人数比重

根据《国民经济行业分类》（GB/T 4754—2011），我国的第三产业是指除第一产业、第二产业以外的其他行业。国家统计局《关于建立第三产业统计的报告》对中国三次产业划分的意见，第三产业包括流通和服务两大部门，具体分为四个层次：第一层次：流通部门，包括交通运输业、邮电通讯业、商业饮食业、物资供销和仓储业；第二层次：为生产和生活服务的部门，包括金融业、保险业、地质普查业、房地产管理业、公用事业、居民服务业、旅游业、咨询信息服务业和各类技术服务业等；第三层次：为提高科学文化水平和居民素质服务的部门，包括教育、文化、广播电视事业，科学研究事业，卫生、体育和社会福利事业等；第四层次：为社会公共需要服务的部门，包括国家机关、政党机关、社会团体，以及军队和警察等。第三产业的发展可以推动第一产业、第二产业的发展。第三产业的发展有利于扩大就业，缓解中国的就业压力；有利于建立和进一步完善社会主义市场经济体制；有利于提高人民的生活水平，从而实现全面建成小康社会的目标。随着经济的快速发展和人民水平的日益提高，第三产业的发展水平逐渐成为各个国家衡量经济发展水平的重要标志。目前，京津冀地区第三产业发展迅速。第三产业的就业比重能够进一步反映经济水平的提高程度，第三产业就业人数比重单位:%。

4. 登记失业率

登记失业率是指在报告期末城镇登记失业人数占期末城镇从业人员总数与期末实有城镇登记失业人数之和的比重。失业率是评价一个国家或地区就业状况的主要指标。失业率对一个地区产生一定的社会影响和经济影响。失业率可以反映地区整体经济健康发展状况，当一个地区居民充分就业时，意味着劳动力资源得到充分利用，为经济发展带来动力，失业率增加是经济疲软的信号。除此之外，失业率高不利于家庭和社会的稳定，容易使当地居民的幸福感大大降低。因此登记失业人数越少，越有利于国家和平稳定的发展，并进一步促进经济持续健康的发展。登记失业率单位:%。

（三） 数据的初步分析

1. 人口密度

选取 2006—2016 年，北京、天津以及河北省 11 个地级市的人口密度进行对比。为了使分析的结果更加直观，选取北京、天津、石家庄、唐山与秦皇岛市五个地区的人口密度做出折线图进行对比。数据说明：由于《中国城市统计年鉴》在 2016 年之后没有人口密度的数据，这里 2016 年人口密度的数据由年末户籍人口数/行政区域土地面积得到（见图 4 - 1、表 4 - 1）。

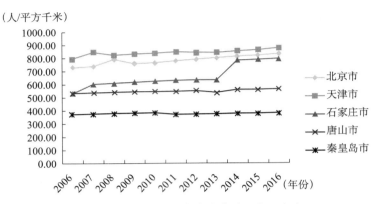

图 4 - 1　2006—2016 年京津冀地区人口密度

资料来源《中国城市统计年鉴》。

表 4 - 1　　　　　　　　2007—2016 年京津冀地区人口密度增长率　　　　　　单位：%

年份	北京市	天津市	石家庄市	唐山市	秦皇岛市
2007	1. 31	6. 19	13. 74	0. 77	0. 99
2008	7. 14	- 2. 57	1. 20	0. 66	0. 90
2009	- 4. 16	1. 13	1. 13	0. 62	0. 49
2010	0. 96	0. 51	1. 20	0. 15	0. 37
2011	1. 60	1. 18	0. 82	0. 28	- 3. 08
2012	1. 53	- 0. 32	0. 81	0. 64	0. 49
2013	1. 46	- 0. 25	- 0. 22	- 2. 37	0. 52
2014	1. 30	1. 26	23. 52	4. 00	0. 79
2015	0. 87	1. 02	0. 80	0. 24	0. 32
2016	1. 34	1. 66	0. 88	0. 66	0. 68

资料来源《中国城市统计年鉴》。

　　根据图 4 - 1、表 4 - 1 可以看出，各城市人口密度由大到小依次为天津市、北京市、石家庄市、唐山市和秦皇岛市。天津和北京的人口密度几乎是秦皇岛 2 倍，是唐山的 1.5 倍。北京市 2016 年的人口密度为 830.54 人/平方千米，而秦皇岛市为 381.95 人/平方千米。从整体趋势来看，各地区人口密度呈递增状态。分城市来看，天津市人口密度在 2007 年有较大幅度增长，增速为 6.19%，2008 年又存在 2.57% 的下降。在往后年间呈现较稳定状态，没有出现明显上下浮动。北京市人口密度在 2008 年出现较大幅度上升，增速为 7.14%，在 2009 年又有所下降，降幅为 4.16%，与天津情况正好相反。在 2010—2016 年间北京市人口密度一直在上升，大多数年间增速都在 1.5% 左右。石家庄市人口密度在 2014 年出现大幅上升，增速达 23.52%。出现这种现象的原因与二胎政策有一定的关系。秦皇岛市与唐山市人口密度处于平稳增长状态。从整体来看，人口密度增长速度普遍小于北京市和天津市。这说明在人口流动方向上北京市、天津市与石家庄市对于居民的吸引力更大。出现这种现象会导致人口的无序流动与不合理分布，从而阻碍京津冀地区协同发展的目标。目前小城市对其居民缺乏吸引力，人口朝着公共设施与公共服务更健全的大城市移动。如果任由其发展下去，河北省中小城市将会失去发展所必需的人力资源，不利于社会的稳定，各地区共同发展。

北京作为中国的首都，作为国家政治、科技、文化、信息的中心，社会资源高度集中，因为首都的吸引力而吸引众多人口，也导致了北京"城市病"的凸显。近几年，北京也出台了相关政策，来疏散和控制人口。《北京城市总体规划（2016—2035 年）》提出，按照以水定人的要求，根据可供水资源量和人均水资源量，确定北京市常住人口规模到 2020 年控制在 2 300 万人以内，2020 年以后长期稳定在这一水平。北京疏散和控制人口的方案，不仅仅是从北京市的状况来看，更是站在京津冀地区协调发展的角度做出的考量。北京市疏散人口、控制人口可以一定程度上促进经济向其他周边地区转移，为京津冀地区综合发展带来机遇。

2. 第二产业就业人数比重与第三产业就业人数比重

选取 2006—2016 年，北京、天津以及河北省 11 个地级市的第二产业就业人数比重与第三产业就业人数比重进行比较。为了分析的结果更加直观，选取北京、天津、石家庄、唐山与秦皇岛五个地区的第二产业就业人数比重与第三产业就业人数比重分别作出折线图进行对比（见图 4 - 2、表 4 - 2、图 4 - 3 及表 4 - 3）。

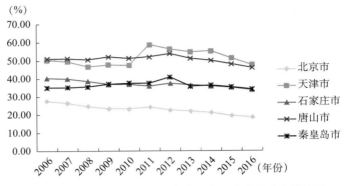

图 4 - 2　2006—2016 年京津冀地区第二产业就业人数比重

资料来源：2006—2016 年《中国城市统计年鉴》。

表 4 - 2　　　　**2006—2016 年京津冀地区第二产业就业人数比重增长率**　　　单位：%

年份	北京市	天津市	石家庄市	唐山市	秦皇岛市
2007	- 4. 27	- 1. 68	- 0. 77	0. 33	0. 14
2008	- 7. 07	- 5. 40	- 3. 52	- 0. 92	1. 45
2009	- 4. 68	1. 66	- 4. 06	2. 92	3. 52
2010	- 0. 21	- 0. 36	- 0. 30	- 1. 74	1. 46
2011	3. 51	23. 80	- 2. 70	1. 75	0. 00
2012	- 6. 32	- 4. 38	4. 11	3. 08	8. 92
2013	- 3. 26	- 2. 76	- 2. 43	- 4. 83	- 12. 47
2014	- 3. 56	1. 04	- 1. 56	- 2. 34	1. 31
2015	- 8. 18	- 7. 13	- 2. 67	- 3. 94	- 2. 73
2016	- 4. 79	- 7. 15	- 3. 88	- 4. 22	- 3. 46

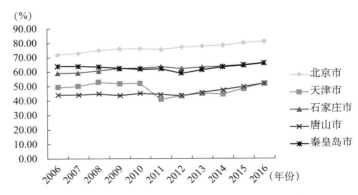

图 4 - 3　2006—2016 年京津冀地区第三产业就业人数比重

资料来源《中国城市统计年鉴》。

表 4 - 3　　　2006—2016 年京津冀地区第三产业就业人数比重增长率　　单位:%

年份	北京市	天津市	石家庄市	唐山市	秦皇岛市
2007	1.67	1.73	0.54	- 0.05	0.08
2008	2.62	5.38	2.32	1.61	- 0.61
2009	1.44	- 1.48	2.65	- 2.50	- 1.65
2010	0.11	0.37	0.21	3.11	- 1.15
2011	- 0.87	- 21.48	1.61	- 1.22	0.37
2012	2.07	6.40	- 2.03	- 2.54	- 5.13
2013	0.82	3.58	1.57	5.65	4.10
2014	0.99	- 1.24	0.93	4.04	3.41
2015	2.12	8.82	1.50	4.30	1.85
2016	1.20	7.34	2.10	4.46	2.03

资料来源《中国城市统计年鉴》。

　　根据图 4 - 2、表 4 - 2、图 4 - 3 及表 4 - 3,得出如下结论:从整体趋势来看,五个城市第二产业就业人数比重呈逐年下降的趋势,而第三产业就业人数比重呈逐年上升的趋势。最近几年来看,第二产业就业比重按从低到高的顺序排列依次为北京、石家庄、秦皇岛、唐山与天津市,而第三产业就业人数比重则正好相反。

　　分城市来看,北京市第二产业就业人数比重除 2011 年有稍许增长外,其余年份都以不同速率减少,2015 年减少率达到了 8.18%,第三产业的情况正好相反。在 2016 年,北京市第三产业从业人员比重达到了81.03%,在五个城市中为最高水平并远远超过其他城市,几乎是天津市的 1.5 倍。

　　秦皇岛市第二产业就业人数比重近十年在 35% ~ 40% 之间变动,2007—2012 年以较小的增长率增加,2012 年达到最高值 40.9%,2013 年出现大幅下降,下降比率达到 12.47%,之后年份第二产业就业人数比重一直保持在 35% 左右。第三产业从业人数比重超过 60%,2016 年达到了65.81%,并有继续增加的趋势。

　　石家庄市第二产业就业人数比重从 2013 年开始与秦皇岛市较为接近。有所不同的是,石家庄第二产业就业人数比重除 2012 年外,一直处于稳定下降的状态,第二产业就业人数比重从 2006 年的 40.37% 下降到 2016年的 33.65%。第三产业从业人员比重则处于稳定上升趋势,2008 年首次超过 60%，2016 年达到了 66.15%。

唐山市第二产业就业人数比重在 2006—2012 年间处于波动状态，从 2013 年开始每年以 2.3%～4.9% 的比率下降。第三产业从业人员比重从 2013 年开始每年以超过 4% 的速率增长。天津市第二产业就业人数比重在几个城市中波动最大，在 2011 年增长率达到了 23.80%，并在之后年份有下降趋势。

2011—2016 年间，天津市第二产业就业人数比重在几个城市中最高，一度超过了 50%，直至 2016 年才下降到 47%。第三产业从业人员比重与第二产业的情况相反，2016 年第三产业从业人员比重达到 52.01%。数据的变化反映出天津市第二产业对就业人员仍然有很强吸引力，同时第三产业吸引就业人员的能力也在日渐增强。

虽然各个城市不同产业就业人员比重情况不尽相同，但是整体来看，还是呈现出第二产业从业人员比重逐年下降，第三产业从业人员数量逐年上升的状态。第二产业和第三产业就业人数比重代表了一个地区的就业结构，反映了产业之间就业比重的相互关系，通过就业结构的变化可以看出劳动力在不同产业之间的转移情况。整体来看，各地区的第三产业吸纳劳动力的能力在逐年增强，第二产业吸纳劳动力的能力则呈现稳中有降的趋势。这种情况与国家和各地区越来越重视产业结构优化升级有很大关系。产业结构的调整可以很大程度上影响就业结构。就业结构的合理发展又会促进产业结构的进一步优化，当一个产业的从业人员数量和质量增加时，会为这个产业的转型升级带来动力，形成良性发展循环。就业结构的调整还可以在一定程度上发挥保障和改善民生的作用，对于社会稳定发展具有重要意义。京津冀地区人口众多，保障民生提高居民生活水平自然是社会稳定发展的关键。

3. 登记失业率

由于数据的可得性选取 2011—2016 年，北京、天津以及河北省 11 个地级市的登记失业率进行对比。为了分析的结果更加直观，选取北京、天津、石家庄、唐山与秦皇岛市五个地区的登记失业率做出折线图进行对比。

从图4-4可以看出，各地区失业率水平和变化趋势存在较大差异。分城市来看，北京市失业率水平最低，2011—2013年失业率水平略微降低，2013年之后又有回升趋势，但总体来看处于较低水平，整体稳定在1.5%之下。北京的失业率在全国一直处于较低水平，但失业率逐年升高的情况仍需不断改善。唐山市失业率水平最高，近几年一直维持在4%左右，约为北京市失业率水平的2.7倍。天津市失业率基本维持在3.5%左右。石家庄市失业率呈现稳定下降的趋势，从2011年的3.81%下降到2016年的3.43%，基本与天津市持平。秦皇岛市失业率水平下降较为明显，在2016年下降达0.39个百分点，秦皇岛市近年来就业情势转好。就业是涉及居民生活水平与社会稳定的关键要素，各地区应高度关注失业率的发展情况。

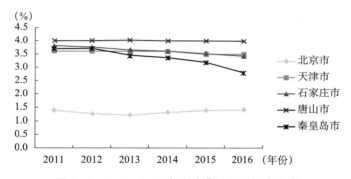

图4-4　2011—2016年京津冀地区登记失业率

资料来源：各城市2011—2016年《国民经济和社会发函统计公报》。

二、经济城镇化

（一）数据的选取

城镇化是国家经济发展水平达到一定程度的阶段性成果。京津冀地区城镇化的发展会增强北京、天津对河北省其他城市发展的辐射和带动作用。经研究表明，京津冀地区城镇化发展对需求具有强大的拉动作用，能够提升居民就业率、促进相关产业结构改革、提升居民生活水平。从长远来看，能提高京津冀地区经济持续健康的发展。从微观角度来看，京津冀地区城镇化的发展，使该地区居民对生活、工作的需求得到满足，人口、土地、自然资源能够得到有效的利用。

城镇化与经济发展水平具有很强的相互作用关系。一个地区的经济增长可以促进该地区城镇化发展。随着经济的增长，产业结构不断优化，城市规模不断扩大，进一步促进城市化进程。一个地区的城镇化水平也可以从该地区的经济指标中有所体现。针对京津冀地区经济发展情况，将该地区人均地区生产总值、地区生产总值增长率、单位规模以上工业总产值、第二产业、第三产业占 GDP 的比重纳入研究对象中。

（二） 数据收集与含义

选取京津冀地区在 2006—2016 年《中国城市统计年鉴》中人均地区生产总值、单位规模以上工业总产值、第二产业、第三产业占 GDP 的比重、地区生产总值增长率作为经济城镇化的研究对象。

1. 人均地区生产总值

即"人均 GDP"，人均地区生产总值 = 总产出/总人口。是一个国家或地区，在核算期内实现的生产总值与所属范围内的常住人口的比值。国内（地区）生产总值是反映一国（地区）全部生产活动最终成果的重要指标，是一个国家（地区）领土范围内，包括本国居民、外国居民在内的常住单位在报告期内所产和提供最终使用的产品和服务的价值。为了使不同地区的生产总值具有可比性，通常计算人均地区生产总值。人均地区生产总值是人们了解和把握一个地区的宏观经济运行状况的有效工具。常作为发展经济学中衡量经济发展状况的指标，是最重要的宏观经济指标之一。人均地区生产总值单位：元。

2. 单位规模以上工业总产值

国家对不同行业的企业都制定了一个规模要求，一般以年产量作为企业规模的标准，达到规模要求的企业就称为规模以上企业。规模以上工业企业是指主营业务收入在 2 000 万元以上的企业。工业总产值是指工业企业在一定时期内生产的工业最终产品或提供劳务性活动的总价值量。工业总产值包括成品价值、工业性作业价值和自制半成品、在产品期末期初差额价值。通过规模以上企业总产值数据的收集能够反映该地区工业生产创造的价值。这里所指的单位规模以上工业总产值是各地区规模以上工业总产值与人口数的比值，能反映一个地区的人均工业发展水平。单位规模以上工业总产值单位：万元/万人。

3. 第二、第三产业占 GDP 的比重

地区生产总值是一个地区某一时期所有常住单位在该时期生产活动的增加值之和，是第一、第二、第三产业的增加值之和。三次产业占 GDP 比重的是描述一个地区产业结构的重要经济指标，可以体现一个地区经济发展历程和产业结构调整情况。如果一个地区第三产业占 GDP 比重提高，增速快于工业，意味着这个国家或地区正在由原来的工业主导型经济向服务主导型经济转变。这种转变对经济增长、就业等各方面都会带来深远的影响。第三产业在国民经济中占有重要地位，第三产业的发展现在已经成为衡量一个地区经济发展的重要指标，当一个国家或地区进入后工业化阶段时，第二产业稳中有降，第三产业快速发展并处于主导地位。一方面，第三产业占比提高是生产力发展和社会进步的必然结果，第三产业的发展需要其他产业的支撑，生产力高质量发展会促进为生产服务的第三产业的发展，居民消费水平提高和消费结构的变化会为第三产业的发展带来广阔的市场。另一方面，第三产业快速发展可以促进工业、农业的高质量发展，加快推动现代化建设。我国高度重视第三产业的发展，不论是在相关政策的制定上还是税率、贷款等方面都给予企业更多的优惠与便利。第三产业占 GDP 的比重正逐步上升，1960—2017 年，我国第三产业 GDP 从 477 亿元增长到 427 032 亿元，占 GDP 的比重从 1960 年的 32.4%，上升至 2017 年 51.6%（资料来源：国家统计局）。京津冀地区正在大力推进合理有序承接产业转移，优化产业布局，加快产业结构调整和转型。第二、第三产业占 GDP 的比重单位:%。

4. 地区生产总值增长率

区生产总值增长率是反映一定时期经济发展水平变化程度的指标。地

区生产总值增长率的大小意味着经济增长的快慢，可以体现经济和社会发展水平的提高程度，也可以反映一个地区经济增长的潜力。地区生产总值增长率单位：%。

（三） 数据的初步分析

1. 人均地区生产总值

选取 2006—2016 年，北京、天津以及河北省 11 个地级市的人均地区生产总值进行对比。为了分析的结果更加直观，选取北京、天津、石家庄、唐山与秦皇岛五个地区的人均地区生产总值作出折线图（见图 4 -5）。

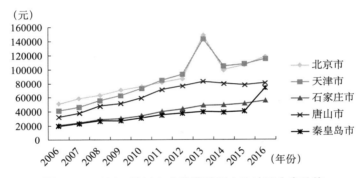

图 4 - 5　2006—2016 年京津冀地区人均地区生产总值

资料来源：2006—2016 年《中国城市统计年鉴》。

从图 4 -5 可以看出，五个城市人均地区生产总值在近十年处于上升的趋势。其中，天津市和北京市的人均地区生产总值较为相近，近几年逐渐与石家庄市、唐山市和秦皇岛市的人均地区生产总值拉开差距。

分地区来看，北京、天津两座城市的人均地区生产总值较为接近，在 2012—2013 年人均地区生产总值出现较大的增长。据研究发现，尽管 2012 年国际经济形势不容乐观，但在各项经济增长措施的带动下，北京市经济增长出现回升，经济增长的内在质量进一步增强。消费结构与投资结构的优化成为经济持续增长的动力。服务业、建筑业、工业、生产服务业、文化创意产业的投资、消费出现较大的增长。如工业整体增长率高出 4.3 个百分点；高新科技产业增长达到 11.3% 等。但这种趋势在 2013—2014 年又出现大幅的下降。据研究发现，宏观经济在居民就业、通货膨胀和经济增长方面出现一定问题，国际经济市场持续走低。

天津市的人均地区生产总值在近十年几乎翻了 4 倍，经济增长状况较好。

唐山市人均地区生产总值较北京市、天津市低，但比石家庄市和秦皇岛市高。从趋势来看，唐山市人均地区生产总值在 2006—2013 年增长较平稳，从 2014 年开始，人均地区生产总值增长趋势有所减缓，但在唐山市稳增长、转动能的全力阻击下，之后连续两年实现了较稳定回升。唐山市地处华北与东北通道的咽喉要地，是京津唐工业基地中心城市，京津冀城市群东北部副中心城市，唐山市的经济实力位列河北省前茅，在 2016 年全市人均地区生产总值跻身先进地区行列。近年来，唐山市越来越重视经济发展的转型，重视提高经济发展质量和效益。

石家庄市的人均地区生产总值增长处于稳定状态。石家庄市作为河北省的省会，对区域引领作用举足轻重。

秦皇岛市人均地区生产总值增长整体处于较稳定状态，在 2016 年有大幅上升。这与秦皇岛市推进供给侧结构性改革、注重提高经济发展质量和效益、加快发展动能转换和质量效益提升不无关系。

2. 单位规模以上工业总产值

选取 2006—2016 年，北京、天津以及河北省 11 个地级市的单位规模以上工业总产值进行对比。为了分析的结果更加直观，选取北京、天津、石家庄、唐山与秦皇岛五个地区的单位规模以上工业总产值，作折线图比较（见图 4-6）。

从整体来看，各地区单位规模以上工业总产值的增长呈减缓趋势，近几年，多地区单位规模以上工业总产值出现下滑。

从分地区来看，天津市单位规模以上工业总产值远远超过其他城市，这种趋势在 2009 年尤其明显。从 2009 年开始，天津市单位规模以上工业总产值增长较快，并与其他各市拉开差距，这种迅猛增长趋势一直持续到 2013 年。2015 年天津市单位规模以上工业总产值与 2014 年持平，在 2016 年有所下滑。天津是我国传统工业城市和重要工业基地，天津的工业为天津乃至全国的经济发展都做出了重要贡献，我国的第一辆自行车、第一只手表、第一台电视机等工业产品均相继在天津问世。2006 年，天津市滨海新区开发开放纳入国家发展战略，重点培育电子信息、石化、汽车和装备制造等一批优势产业，吸引了一大批世界 500 强企业，丰田、摩托罗拉、三星等一流外资企业纷纷落户，滨海新区成为天津工业最大的增长点，有力带动了天津工业快速增长。从 2006—2013 年，天津市单位规模以上工业总产值从 89 870 万元/万人增加到 261 229 万元/万人，增长近 3 倍。2013 年开始，天津市以习总书记对其提出的"三个着力"为指导，走高质量发展道路。近年来，天津市努力改善产业结构偏重，新动能不足等问题。所以工业增长较前一时期明显回落，但仍然处于较高水平。

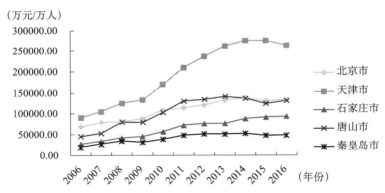

图 4 - 6 2006—2016 年京津冀地区单位规模以上工业总产值

资料来源：《中国城市统计年鉴》。

唐山市单位规模以上工业总产值整体处于波动增长状态，近几年产值有所回落。唐山市也是传统的工业城市，工业基础雄厚，在中国近代工业中创造了七个第一，享有"中国煤炭工业源头"和"中国近代工业的摇篮"之美誉。钢铁、能源、化工、建材装配是唐山市的五大主导产业，贡献突出。近几年，唐山市工业下行压力较大。随着供给侧结构性改革的深入推进和城市化转型升级，唐山积极促进工业转型升级，制定了《唐山市工业转型升级"十三五"规划（2016—2020 年）》，明确工业转型升级的主要任务。

北京市单位规模以上工业产值也处于波动增长状态，2015 年有所下降。2014 年，北京出台和修订《北京市新增产业的禁止和限制目录》，工业积极落实产业疏解转移政策，2015 年关停退出一般制造业企业及污染企业 326 家；2016 年关停退出企业 335 家。这也是近几年单位规模以上工业产值回落的一大原因。北京市工业发展不断向"高精尖"方向迈进，基本形成了以汽车、电子和医药为代表的工业产业体系，工业增长的质量和效益不断突出。

秦皇岛市和石家庄市单位规模以上工业总产值的波动与其他城市相比较小。两个城市也相继出台了《石家庄市工业转型升级与布局优化"十三五"规划》《秦皇岛市工业转型升级与布局优化"十三五"规划》促进工业高效发展。

综上所述，近几年各城市的单位规模以上工业产值增长有所回落，但是各地越来越重视工业增长的质量和效益，努力推进工业转型升级，实现工业的可持续发展。

3. 第二产业、第三产业占 GDP 的比重

选取 2006—2016 年，北京、天津以及河北省 11 个地级市的第二产业、第三产业占 GDP 的比重进行对比。为了分析的结果更加直观，选取北京、天津、石家庄、唐山与秦皇岛五个地区的第三产业占 GDP 的比重作出折线图进行比较如图 4 – 7 ~ 图 4 – 13 所示。

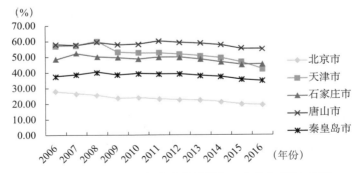

图 4 – 7　2006—2016 年京津冀地区第二产业占 GDP 比重

资料来源：《中国城市统计年鉴》。

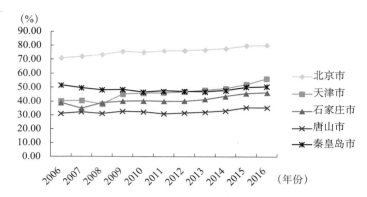

图 4-8　2006—2016 年京津冀地区第三产业占 GDP 比重

资料来源：《中国城市统计年鉴》。

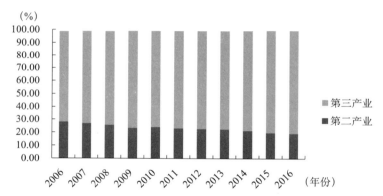

图 4-9　2006—2016 年北京市第二、第三产业占 GDP 比重

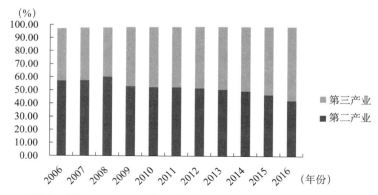

图 4-10　2006—2016 年天津市第二、第三产业占 GDP 比重

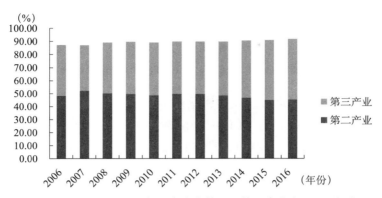

图 4 - 11　2006—2016 年石家庄市第二、第三产业占 GDP 比重

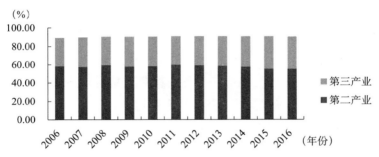

图 4 - 12　2006—2016 年唐山市第二、第三产业占 GDP 比重

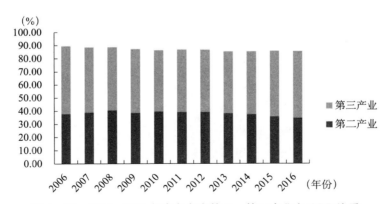

图 4 - 13　2006—2016 年秦皇岛市第二、第三产业占 GDP 比重

　　从图 4 - 7 ~ 图 4 - 13 可以看出，2006—2016 年五个地区第三产业占 GDP 的比重整体呈现上升的趋势，第二产业占 GDP 比重变化趋势正好相

反。其中，北京市第三产业占 GDP 的比重在 2016 年高达 80.23%，比第二位天津市的比重高出 23.79%，比最后一位唐山市高出 46.73%。唐山市和天津市这些传统工业城市的第二产业占比在几个城市中较高，但呈现出稳中有降的状态。

分城市来看，北京市产业结构呈现出"三、二、一"的梯度分布状态。北京市第一产业只占 GDP 极少份额，并呈现不断下降的趋势，从 2009 年开始第一产业占 GDP 比重不到 1%，到 2016 年只占 0.51%。第二产业占 GDP 比重稳中有降，2016 年第二产业占 GDP 比重降至 19.26%。与其他产业状况相反，北京市第三产业处于绝对主导低位并且所占比重逐年上升。北京市第三产业占 GDP 比重在全国处于领先地位，2006 年以来，第三产业占比从 70.91% 上升到 80.23%。北京市产业逐渐从价值链正在从低端向高端发展，为严控非首都功能增量，加快构建高精尖经济结构，2015 年北京正式出台了《北京市新增产业禁限目录》。2016 年出台了《北京市人民政府关于印发加快科技创新构建高精尖经济结构系列文件的通知》等一系列文件确保高精尖产业顺利落地。

天津市第一产业结构产比较小并处于稳步下降的状态。第一产业占 GDP 比重从 2006 年的 2.71% 下降到 2016 年的 1.23%。作为老工业基地，第二产业一直是天津产业发展的重点。2006—2013 年，第二产业占 GDP 比重均在 50% 以上，2014 年开始呈现稳步下降状态。天津市处于第二产业向第三产业转型阶段，第三产业规模持续扩大占比不断增加，已经基本形成了"三、二、一"的产业格局。2015 年第三产业占 GDP 比重首次超过第二产业达到 52.15%，2016 年第三产业占 GDP 比重又稳步提升达到 56.44%。第三产业的快速发展成为天津市产业转型升级的重要推手，逐渐演变为工业和服务并重的状态。在"十三五"期间，天津市经济增长的主要动力逐渐向现代服务业和高科技产业转变。2015 年，天津市开始实施包括食品工业、民用航空等在内的 18 个产业发展三年行动计划，制定工业发展"路线图"，实现工业新发展。

石家庄市第一产业占比不断降低，2014 年开始第一产业占比降至 10% 以下，达到 9.43%，2016 年降至 8.11%。石家庄市第二产业占 GDP 比重从 2006 年开始一直维持在 50% 上下，是经济发展的主要贡献者。第三产业占比稳步提升，2015 年石家庄市第三产业占 GDP 比重首次超过第二产业，成为经济发展的主要动力。近年来，石家庄市第二产业和第三产业占比相当，成为促进其经济发展的主要动力。三次产业结构从 2006 年的 12.71:48.35:38.94 调整到 2016 年的 8.11:45.45:46.44。第三产业发展迅猛，让石家庄初步完成了产业结构"三、二、一"的转型升级。

唐山市第一产业占 GDP 比重维持在 10% 上下。第二产业占比处于波动状态，2006—2012 年间，唐山市第二产业占比稳定在 60% 上下，2013年开始具有较明显下降趋势，从 2013 年的 58.70% 下降到 2016 年的 55.07%。唐山市是传统的工业城市，有 140 年的工业发展史，在这里诞生了中国工业史上的"七个第一"。唐山市三次产业结构中第三产业比重明显偏低，但处于稳定上升状态。2016 年第三产业占 GDP 比重达到 35.5%。近年来，唐山市在不断推进产业结构转型升级，2016 年唐山市工信局实施了以 100 项技术改造、100 项钢铁深加工、100 项"两化"融合和 100 项新产品开发为核心的"四个一百"工程，做好政策引领，使工业转型升级迈出坚实步伐。

从图 4-7～图 4-13 可以看出，秦皇岛市已经稳定形成了"三、二、一"的产业结构布局。秦皇岛市第二产业占比在 2006—2016 年间呈现先增加后减少的趋势，2012 年以来第二产业占比逐年下降，2016 年为 34.73%。秦皇岛市第三产业发展较稳定，近十年占比稳定在 50% 左右，秦皇岛是作为海滨城市，它地理位置优越、环境优美，旅游业是其支柱产业，一直以来都为地区经济发展做出重要贡献。因此秦皇岛市主要以第三产业旅游服务为主，带动了酒店住宿、餐饮娱乐等相关行业的发展。

虽然每个城市各产业处于不同的发展阶段，发展水平不尽相同，但从整体来看存在第二产业稳中有降，第三产业占比不断提高的趋势。出现这种现象的原因与我国目前所推行的政策以及国际市场大环境相适应。第三产业是国民经济的重要组成部分，是反映一个国家或地区的经济发展水平与发达程度的重要指标。随着经济的快速发展，我们正处于逐步接近小康社会的过程中，第三产业成为拉动经济增长，引起产业结构化改变的关键因素。

近年来，我国高度重视第三产业的发展，并陆续出台了许多有关方面的法律法规，如：支持现代物流业的发展、高科技技术产业、节能设施的创造与生产、家政服务、文化产业、体育产业等多方面的内容。从税率、贷款、价格等多个方面不断深化改革促进第三产业的进一步发展。并在重点推进服务型领域改革，加强政府扶持力度，拓宽投融资渠道，使第三产业能够适应经济发展新环境，促进我国第三产业的进一步发展。国家和各地区都高度重视京津冀地区产业发展格局。工业和信息化部与北京市人民政府、天津市人民政府、河北省人民政府发布公告提出，为引导京津冀地区合理有序承接产业转移、优化产业布局，加快产业结构调整和转型升级步伐，联合编制了《京津冀产业转移指南》，构建"一个中心，五区五带五链、若干特色基地"的产业发展格局。

4. 地区生产总值增长率

选取 2006—2016 年，北京、天津以及河北省 11 个地级市的地区生产总值增长率进行对比。为了分析的结果更加直观，选取北京、天津、石家庄、唐山与秦皇岛五个地区的地区生产总值增长率作出折线图进行比较（见图 4 - 14）。

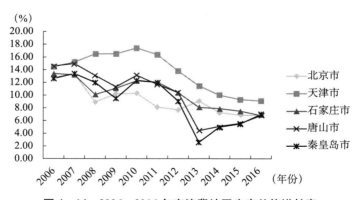

图 4 - 14　2006—2016 年京津冀地区生产总值增长率

资料来源：《中国城市统计年鉴》。

可以看出，五个城市地区生产总值增长率并不呈稳定的增长或递减趋势，呈现出较大的波动状态。分地区来看，天津市地区生产总值增长率在几个城市中最高，2006—2014 年地区生产总值以超过两位数的速度增长，2010 年增速达到了 17.4%。但这种增长势头从 2011 年大幅回落，2016 年地区生产总值增长率降至 9.1%。天津市经济增速快的很大一部分原因是基础设施固定资产投资，2006 年天津城市基础设施投资为 518.17 亿元，2009 年达到了 1 606.83 亿元，翻了 3 倍，2015 年最高为 2 641.96 亿元，远远超过其他城市，天津市基础设施固定资产投资从 2015 年开始呈现下降趋势。近几年天津市地区生产总值增速有所减缓，这与天津市工业增长放慢有关，但是天津市高新技术产业、服务业的快速发展依然为其经济增长注入活力。

北京市地区生产总值增长率近几年有放缓的趋势，但保持在 6% 以上。唐山市和秦皇岛市地区生产总值增长情况较为相似，在 2013 年出现大幅下滑，之后又逐渐回升，2016 年北京、唐山、秦皇岛、石家庄四市 GDP 增长都为 7% 左右。各地区经济增长放缓很大一部分原因在于各地调整产业结构、防治污染，这也是转型升级的必经之路。当然也与国际经济形势严峻与国内消费、投资乏力等多方面因素有关。

三、社会城镇化

（一）　数据的选取

地区经济的可持续性发展是城镇化与循环经济进一步发展的动力。对工业生产结构的优化处理是应对经济下行的有效措施。中国政府始终强调"中国经济升级发展根本靠改革创新。企业是市场主体，也是创新主体，要继续实施创新驱动战略"。城镇化的进一步发展一定要融合循环经济相关理念，以创新为驱动，推动产业升级，进一步促进我国经济持续健康的发展。增强企业创新能力与科技含量，推动产业优化升级，促进中国经济可持续发展。因此，我们将人均科学技术支出、人均教育支出、每万人在校大学生数、城镇绿化面积纳入分析指标。

（二）　数据收集与含义

选取京津冀地区在 2006—2016 年《中国城市统计年鉴》中人均科学

技术支出、人均教育支出、每万人在校大学生数、城镇绿化面积作为社会城镇化的研究对象。

1. 人均科学技术支出、人均教育支出

科学技术支出是指公共财政预算支出中的科学技术支出项目。包括用于科学技术方面的支出，包括科学技术管理事务、基础研究、应用研究、技术研究与开发、科技条件与服务、社会科学、科学技术普及、科技交流与合作等。国家非常重视科技经费投入，2015 年，全国研究与试验发展经费支出 14 169.9 亿元，投入强度为 2.07%；2016 年，全国共投入研究与试验发展经费15 676.7 亿元，投入强度为 2.11%。我国研发经费规模已居世界第二位，但与美国相比尚不足其 50%。所以未来一段时间，仍会加大科技投入力度。教育支出是指公共财政预算支出中的教育支出项目。包括政府教育事务支出，包括教育行政管理、学前教育、小学教育、初中教育、普通高中教育、普通高等教育、初等职业教育、中专教育、技校教育、职业高中教育、高等职业教育、广播电视教育、留学生教育、特殊教育、干部继续教育、教育机关服务等。一个地区在科学技术和教育方面的支出，能够反映这个地区对于人才的重视，以及对创新发展的态度。技术进步、科技发展、企业创新成为推动中国经济持续健康发展的主要动力。人均科学技术支出、人均教育支出单位：元/人。

2. 每万人在校大学生数

高等教育是教育的最高层次。高等教育的发展受到社会发展、经济状况等因素的制约，高等教育培养高素质人才，因此又会对一个地区的经济发展、科技进步、社会发展做出贡献。高等教育的发展不仅为一个地区的城市发展提供人才支撑，还会提高文化软实力。大学生是国家培养的高科技人才，某个地区大学生的数量能够反映当地的高等教育情况，可以从一定程度上反映该地区未来创新发展的水平。每万人在校大学生数单位：人。

3. 公园绿地面积

公园绿地是城市中向公众开放的、以游憩为主要功能，有一定的游憩设施和服务设施，同时兼有生态维护、环境美化、减灾避难等综合作用的绿化用地。是城市建设用地、城市绿地系统和城市市政公用设施的重要组成部分，是展示城市整体环境水平和居民生活质量的一项重要指标。公园绿地可以有效缓解城市的热岛效应，吸收二氧化碳等气体，在防尘、防风、减噪等方面也发挥重要作用。除此之外，有利于美化城市、为居民提供休闲场所，增加居民生活幸福感。人们对环境的要求随着经济发展水平提高而显著增长，居民更加关注生活地区的空气质量、绿化面积等方面的内容。公园绿地面积单位：公顷。

（三）　数据的初步分析

1. 人均科学技术支出

选取 2006—2016 年，北京、天津以及河北省 11 个地级市的人均科学技术支出进行对比。为了分析的结果更加直观，选取北京、天津、石家庄、唐山与秦皇岛市五个地区的人均科学技术支出做出折线图进行对比（见图 4 - 15、表 4 - 4）。

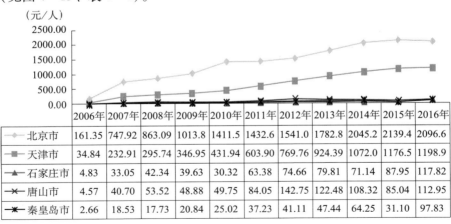

（元/人）	2006年	2007年	2008年	2009年	2010年	2011年	2012年	2013年	2014年	2015年	2016年
北京市	161.35	747.92	863.09	1013.8	1411.5	1432.6	1541.0	1782.8	2045.2	2139.4	2096.6
天津市	34.84	232.91	295.74	346.95	431.94	603.90	769.76	924.39	1072.0	1176.5	1198.9
石家庄市	4.83	33.05	42.34	39.63	30.32	63.38	74.66	79.81	71.14	87.95	117.82
唐山市	4.57	40.70	53.52	48.88	49.75	84.05	142.75	122.48	108.32	85.04	112.95
秦皇岛市	2.66	18.53	17.73	20.84	25.02	37.23	41.11	47.44	64.25	31.10	97.83

图 4 - 15　2006—2016 年京津冀地区人均科学技术支出

资料来源：《中国城市统计年鉴》。

表 4－4　　　**2006—2016 年京津冀地区人均科学技术支出增长率**　　　单位：%

年份	北京市	天津市	石家庄市	唐山市	秦皇岛市
2007	363.53	568.44	583.69	790.43	597.94
2008	15.40	26.97	28.10	31.50	－4.32
2009	17.47	17.32	－6.41	－8.67	17.52
2010	39.23	24.50	－23.50	1.79	20.05
2011	1.49	39.81	109.05	68.94	48.82
2012	7.56	27.47	17.81	69.84	10.41
2013	15.69	20.09	6.89	－14.20	15.41
2014	14.72	15.98	－10.87	－11.57	35.42
2015	4.61	9.75	23.63	－21.49	－51.59
2016	－2.00	1.91	33.97	32.82	214.53

　　从图 4－15、表 4－4 可以看到，各地区人均科学技术支出总体呈现增长趋势。其中北京市人均科学技术支出最高，其次是天津市，高于石家庄、唐山与秦皇岛市。2016 年北京市在人均科学技术支出为 2 096.6 元/人，最低的秦皇岛市仅有 97.83 元/人，两者相差接近 21 倍。

　　分城市来看，北京市人均科学技术支出除 2016 年外都处于增长状态。2016 年北京市人均科学技术支出达到了 2 096.6 元/人。2016 年北京市研发经费支出占地区生产总值的比重为 6% 左右，位居全国最高水平，也高于发达国家平均水平，科技创新对北京经济增长的贡献率超过 60%。作为全国科技创新中心，北京拥有中关村科学城、怀柔科学城、未来科学城、北京经济技术开发区"三城一区"科技创新中心主平台。国家对于北京科技创新极其重视，2016 年国务院印发实施《北京加强全国科技创新中心建设总体方案》，北京建设全国科技创新中心上升为国家战略。国家有关部门和北京市制定实施《北京加强全国科技创新中心建设重点任务实施方案（2017—2020 年）》，为北京市科技创新提供保证。

　　天津市人均科学技术支出处于稳定增长状态，由 2006 年的 34.84 元/人增加至 2016 年的 1 198.9 元/人，增长近 35 倍。天津市高度重视科技发展，一进入国家创新型省份行列，已经获批建设天津国家自主创新示范区、未来科技城、国家超级计算天津中心等产业创新大平台。天津市发布了《天津市科技创新"十三五"规划》，提出坚持"引领发展""支撑产业""开放协同"和"双创突破"。

唐山市、秦皇岛市、石家庄市的人均科学技术支出整体呈增长趋势。河北省越来越重视科技创新的作用。2016年科技创新在河北省供给侧结构性改革中起到了重要基础、关键和引领作用，双创地图、"中国农业硅谷"、科技经纪人、科技创新券等新名词相继出现。相继出台了《河北省科技创新"十三五"规划》《河北省科技创新三年行动计划（2018—2020年)》等一系列计划，着力推动科技创新发展。

可以看到，京津冀地区在科研投入、科技创新方面存在较为严重的不平衡问题。"科学技术是第一生产力"，科技在经济增长中发挥至关重要的作用，经济的持续增长依靠技术进步。科研人员是技术创新、产业进步的关键因素，科学技术经费的不足会导致当地人才流失，科研技术人员会朝着公共设施基础更完善、科研经费更加充足的地方流动。长此以往，会导致人口的无序流动、地区经济发展缺乏后劲等现象。因此，各地要充分重视科研方面的投入。

2. 人均教育支出

选取2006—2016年，北京、天津以及河北省11个地级市的人均教育支出进行对比。为了分析的结果更加直观，选取北京、天津、石家庄、唐山与秦皇岛五个地区的人均教育支出作出折线图进行对比（见图4－16、表4－5）。

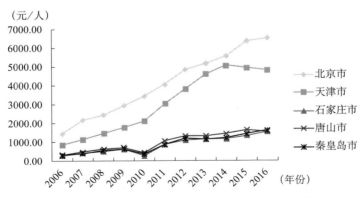

图4－16　2006—2016年京津冀地区人均教育支出

资料来源：《中国城市统计年鉴》。

表 4 - 5　　　　　2006—2016 年京津冀地区人均教育支出增长率　　　单位:%

年份	北京市	天津市	石家庄市	唐山市	秦皇岛市
2007	48.20	33.43	47.49	52.34	20.57
2008	12.25	27.49	20.62	28.87	40.57
2009	20.62	21.15	23.23	9.70	11.13
2010	17.66	19.29	- 54.09	- 37.95	- 39.28
2011	17.85	43.56	204.98	144.48	133.55
2012	19.05	25.68	23.87	23.79	35.94
2013	6.81	20.50	6.51	0.11	- 4.65
2014	7.54	10.66	1.20	9.91	6.36
2015	14.30	- 2.83	12.95	12.80	18.13
2016	2.35	- 2.60	15.88	- 5.91	13.23

可以看出，2006—2016 年人均教育支出整体呈现递增趋势。其中北京、天津在人均教育支出方面远高于石家庄、唐山、秦皇岛市。以 2016 年为例，北京市的人均教育支出为 6 510.46 元/人、天津市为 4 813.12 元/人、唐山市、秦皇岛市、石家庄市为 1 535.72/人、1 624.86 元/人、1 533.58 元/人，仅为北京的 1/4，天津的 1/3。分城市来看，北京市人均教育支出逐年增长。天津市人均教育支出也以较快的速度增长，但近两年有所下降。石家庄、唐山、秦皇岛三市人均教育支出情况相似，除 2010 年外，呈稳定上升状态。

可以看出，河北省城市在人均教育支出方面与北京、天津两座城市存在较大差距。人才的竞争是社会竞争的不竭动力，而教育是培养人才的主要途径。教育是一个民族振兴的基石，是一个国家兴旺发达的根本，是提高国家或者地区竞争力的关键所在。因此，为了促进国家与社会的进步，需要通过教育来推进，发展教育具有重大意义。坚持把教育、科学技术放在经济发展的首要位置，是增强国家经济实力和促进科学发展的重要手段。一个地区支出的教育经费，体现该地区对科学教育的态度。因此要加大对教育的投入，重视人才的培养，为科技创新注入动力。

3. 每万人在校大学生数

选取 2006—2016 年，北京、天津以及河北省 11 个地级市的每万人在校大学生数进行对比。为了分析的结果更加直观，选取 2014—2016 年北京、天津、石家庄、唐山与秦皇岛市五个地区的每万人在校大学生数做出柱状图进行对比。数据说明：由于统计年鉴中 2016 年取消了每万人在校大学生人数指标，这里 2016 年数据是通过计算普通高等院校学生数与各地区人口数比值得到（见图 4 - 17）。

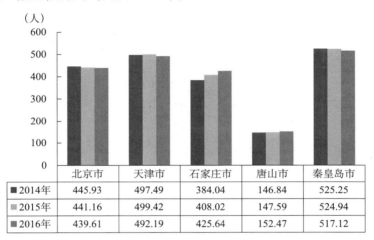

（人）	北京市	天津市	石家庄市	唐山市	秦皇岛市
■ 2014年	445.93	497.49	384.04	146.84	525.25
■ 2015年	441.16	499.42	408.02	147.59	524.94
■ 2016年	439.61	492.19	425.64	152.47	517.12

图 4 - 17　2014—2016 年京津冀地区每万人在校大学生数

资料来源：《中国城市统计年鉴》。

整体来看，各地区每万人在校大学生数整体处于较稳定状态。秦皇岛市每万人在校大学生数在几个城市中最高为 520 人左右，天津市、北京市次之，为 500 人、440 人左右，而唐山市仅有 150 人左右。石家庄市在近三年每万人在校大学生数有明显增长，增长率达到了 6.2% 、4.3%。北京市、秦皇岛市出现微小负增长；天津市、唐山市虽然是正增长但增长幅度绞小，均没有超过 1%。

由此看来，高等教育资源在京津冀地区存在分布不均衡现象。经济的发展离不开高素质人才，高等教育的水平会影响一个地区经济、科技、文化等多方面发展。因此，各地区应该促进优质资源共享互补，缩小地区间高等教育发展水平的差距，为实现京津冀协同发展提供人才和智力保证。京津冀教育协同发展作为京津冀协同发展的重要方面，受到各地区重视。2016 年，北京、天津、河北三地教育部门签署了《教育督导协作机制框架协议》《京津冀高校毕业生就业创业协同发展框架协议》一系列协议，

促进三地教育协同发展，《"十三五"时期京津冀教育协同发展专项工作
计划》也在 2017 年正式向社会公布。京津冀高校之间组建了创新发展联
盟，为高校协同创新奠定基础。未来，京津冀地区教育协同创新会更进
一步。

4. 公园绿地面积

选取 2006—2016 年，北京、天津以及河北省 11 个地级市的公园绿地
面积进行对比。为了分析的结果更加直观，选取北京、天津、石家庄、唐
山与秦皇岛市五个地区的城镇绿化面积做折线图作对比。数据说明：2008
年天津市公园绿地面积数据缺失，这里用 2007 年和 2009 年数据均值替代
（见图 4 – 18、表 4 – 6）。

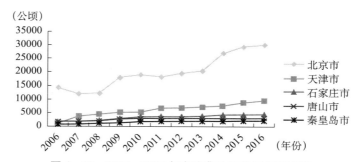

图 4 – 18　2006—2016 年京津冀地区公园绿地面积

资料来源：《中国城市统计年鉴》。

表 4 – 6　　　　　2006—2016 年京津冀地区公园绿地面积增长率　　　　单位：%

年份	北京市	天津市	石家庄市	唐山市	秦皇岛市
2007	– 14.99	239.91	0.21	6.99	10.61
2008	1.78	19.79	16.50	10.20	37.37
2009	46.72	16.52	33.52	30.99	18.47
2010	5.26	0.90	21.56	9.68	39.10
2011	– 4.35	29.61	2.07	– 2.05	4.29
2012	7.60	0.31	– 1.28	1.37	3.16
2013	4.28	6.32	6.35	0.41	2.64
2014	31.83	5.12	14.20	0.20	1.92
2015	9.64	15.85	1.69	0.10	5.60
2016	1.92	8.63	1.84	1.44	0.23

　　可以看出，京津冀地区城镇绿化面积整体呈上升趋势。北京市公园绿地面积在几个城市中最高，高于其他城市，处于波动增长状态。北京市在实现城市现代化的同时绿化工作也做得很好。天津市城镇绿化面积上升趋势较稳定，2016 年达到 9 630 公顷，约为 2006 年的 9 倍。石家庄、秦皇岛、唐山市的公园绿地面积在 2007—2010 年增长较快，之后年间增速放缓，但整体处于增长状态。公园绿地面积的增加说明各地区开始越来越关注生活环境方面的问题。公园绿地面积的高低是可以衡量城市环境改善程度与人民生活幸福质量的重要指标之一。

第二篇　京津冀循环经济发展示范试点

第五章 地 区

一、京津冀国家循环经济试点——省份

2005 年 10 月，经国务院同意，国家发展改革委、国家环保总局、科技部、财政部、商务部、国家统计局联合印发了《关于组织开展循环经济试点（第一批）工作的通知》，正式启动国家循环经济试点工作。其中选择确定了资源型和资源匮乏型城市，涉及东、中、西部和东北老工业基地的 10 余个省份，作为国家第一批循环经济试点单位。10 个试点省份的全社会资源循环利用体系有了雏形，在全社会层面，把城市和农村、工业和农业、生产和消费有机结合起来，根据产业结构特点，探索构建社会循环经济体系，提高全社会资源产出、循环利用和废物减排水平，促进建立节约能源资源和保护生态环境的产业结构、增长方式和消费模式，取得了一定的成效。京津冀地区的北京市首先被纳入了循环经济的试点范围。

2007 年 12 月，为贯彻党的十七大精神，落实科学发展观，加快推进循环经济发展，促进经济发展方式转变，根据《国务院关于印发节能减排综合性工作方案的通知》要求，国家发展改革委、国家环保总局等有关部门和有关省份人民政府组织开展了第二批国家循环经济示范试点。其中确定了 17 个省份作为第二批国家循环经济试点单位，并对第一批试点进行了补充和深化，将对建立全社会资源循环利用体系有典型示范意义的重点城市和地区纳入第二批试点范围。天津市被纳入第二批试点范围内，同时河北省邯郸市等地也开始了试点工作。

经过对试点示范单位的总结评估，并根据循环经济发展面临的主要问

题和形势，决定率先推广以下经验做法。

（一） 以加强地方立法，完善配套政策为核心的循环经济协同推进机制

要点：针对地方循环经济发展中的政策机制不完善、配套政策不协调等问题，地方应在循环经济促进法规定的原则下，制定省级条例或实施办法，结合国家整体战略、地方经济发展水平和产业特点提出差异性政策；推动设立循环经济发展专项资金、产业投资基金、股权投资基金，形成"投、贷、债"组合的多渠道资金投入模式，支持循环经济重大示范工程建设；建立跨部门的协调机制，加强顶层设计，统筹解决发展循环经济中的问题。

（二） 以补链招商、风险共担为关键的产业园区循环发展机制

要点：针对园区产业之间关联度和耦合性不强的问题，依托园区主导产业，加强物质流分析，实行补链招商，增强产业关联度和耦合性。针对产业链运行保障机制不完善、抗风险能力弱的问题，因地制宜建立产业共生耦合发展的风险分担机制。建立由担保公司、银行、企业、中介机构和相关政府部门组成的多元化风险分担体系；推动上下游关联企业采取相互参股或合资等方式，形成循环发展的利益共同体，协商解决企业发展中遇到的价格波动、技术变化、产品质量、安全生产等问题，增强企业抵御市场风险的能力，构建较为稳定的循环经济产业链。

（三） 以废物联单转移、公共信息服务平台为核心的废弃物资源化精细管理机制

要点：针对在物质交换利用、废物循环利用的过程中，企业间由于信息不对称导致的废弃物流通环节多、成本高、监管难度大等问题，分析废弃物产生利用现状，优化产业共生路径。利用互联网、大数据分析共生企业间工业副产物和废弃物产生利用情况，诊断废弃物资源化利用的有效途径，绘制产业共生图，完善废弃物资源化利用交换路径。建立废物转移追溯管理制度，制定废弃物交易分级标准，对参与者进行评级，建立废弃物

产生、流通和处置的各环节信息追溯制度，实现对废弃物全过程管理。支持搭建废弃物交换利用信息平台，推动产业共生企业间通过信息平台开展标准化交易，提高废弃物流通转移效率，降低监管成本。

（四）以嵌入式管理、整体解决为核心的产业废物第三方外包式服务机制

要点：针对企业废弃物处理不规范、不专业、形不成规模经济等问题，积极培育和壮大产业废物第三方外包式服务企业，提供废弃物回收、再生加工和循环利用的整体解决方案。在产业园区或集聚区引入专业服务企业，为园区内企业提供点对点服务，与企业生产流程实现无缝对接，对各个环节及终端产生的废物进行回收处理，形成的资源化产品再返回企业作为生产原料，并对难以回收利用的废物进行安全处置，构建形成循环经济产业链。

（五）以立法先行、特许经营、收运处一体化为特点的城市餐厨废弃物处理机制

要点：为斩断餐厨废弃物灰色利益链，解决餐厨废弃物收运难、收运品质差等问题，推动建立行之有效的餐厨废弃物处理机制。先行制定相关法规，推行特许经营和招标制度，由地方政府通过招标方式选择运营主体，建立餐厨废弃物的"收集—运输—处置"一体化运行模式。运营主体统一购置收运车辆，统一管理，同时属地各部门联动配合，协同负责，借助现代化的管控手段，建立完善保障机制，规范原有地沟油收运队伍，加强对非法回收地沟油的打击力度。

（六）以"互联网＋"理念规范、提升传统方式为核心的再生资源回收利用模式

要点：针对再生资源回收难、收集分散、利用水平低等问题，推动行业龙头企业引入"互联网＋"理念，建立互联网平台和移动互联网 APP，创新回收模式，搭建科学高效的逆向物流体系；利用物联网、大数据开展信息采集、数据分析、流向监测，优化网点布局，在充分利用再生资源的

同时，深度挖掘数据资源的价值；推动产业废物、再生资源、再制造产品的在线交易，拓展供给信息渠道，开展在线竞价，发布价格交易指数，降低交易成本，提高资源稳定供给能力。

（七）以定向修复、专业维护、后期承包为特点的再制造技术服务发展模式

要点：为解决大型工业装备再制造过程中的运输难，专业化、定向化特点不突出的问题，支持再制造服务企业对设备使用状况进行全程跟踪，开展智能检测与故障诊断，定期回访收集信息，建立信息服务体系数据库，把设备的相关设计、制造（包含再制造）、销售（包括售后服务）、用户档案纳入信息服务体系，促进资源管理和优化配置；积极发展移动式修复设备，由集中再制造向现场再制造发展；通过出租再制造产品使用权、承包产品后期维护维修等创新商业模式，降低产品使用成本，提高再制造的便利性和可操作性，拓展再制造空间。

（八）以生产生活系统链接、生产过程协同处理废弃物为特点的产城融合发展模式

要点：为解决城镇化过程中的能源资源消耗大、废弃物处理处置难等问题，将城市发展和周边企业进行产城一体化规划布局，将生产企业的余热余能引入城市生产和生活用能体系；利用企业高温作业装置，协同处理城市危险废物、污水处理厂污泥、含能有机废弃物等；将城市生活污水经过处理后引入用水企业的生产系统，实现水资源循环利用和城市水资源消耗减量化；利用城市周边农业废弃物和城市内部的园林废弃物等生物质资源，生产菌类食品、清洁能源或建筑装饰材料。使生产和生活之间实现资源、能源和废弃物统筹利用，降低城市能源与资源消耗和废弃物处理成本，实现城市功能与产业发展协调融合。

（九）以数据统计和测算结合、自我评价为核心的区域资源产出率统计评价机制

要点：针对区域层面资源消耗数据尚未纳入日常统计、资源产出率核

算难、资源产出率提升路径不清等问题，具备条件的地区以物质流分析为基础，构建统测结合、可操作的资源产出率测算方式，建立主要资源的物质流账户，摸清资源生产和消耗底数，鼓励具备条件的地区建立完善资源消耗数据的直报系统，支持社会科研机构和第三方系统分析评价资源产出率指标，分析不同情景下的变化趋势，研究资源产出效率的提升路径和具体措施。

二、京津冀循环经济示范城市（县）

为落实国家"十二五"和国家《循环经济发展战略及近期行动计划》实施循环经济"十百千"示范行动要求，大力发展循环经济，促进绿色、循环、低碳发展，国家发展改革委印发了《关于组织开展循环经济示范城市（县）创建工作的通知》，启动了循环经济示范城市（县）创建工作。此次国家循环经济示范城市（县）创建，以提高资源产出率为目标，根据自身资源禀赋、产业结构和区域特点，实施大循环战略，把循环经济理念融入工业、农业和服务业发展以及城市基础设施建设。

在初步确定的作为2013年开展国家循环经济示范城市（县）创建地区的19个城市和21个县中，北京市延庆县和河北省承德市、高阳县以其循环经济的成效及典型性名列其中。2016年继续确定了61个地区为国家循环经济示范城市（县）建设的地区，以期形成以加强地方立法，完善配套政策为核心的循环经济协同推进机制、以补链招商、风险共担为关键的产业园区循环发展机制、以废物联单转移、公共信息服务平台为核心的废弃物资源化精细管理机制、以嵌入式管理、整体解决为核心的产业废物第三方外包式服务机制、以立法先行、特许经营、收运处一体化为特点的城市餐厨废弃物处理机制、以"互联网＋"理念规范、提升传统方式为核心的再生资源回收利用模式、以定向修复、专业维护、后期承包为特点的再制造技术服务发展模式、以生产生活系统链接、生产过程协同处理废弃物为特点的产城融合发展模式和以数据统计和测算结合、自我评价为核心的区域资源产出率统计评价机制。

循环经济示范县的建设主要要求如下：

（一） 构建循环型生产方式

全面推行清洁生产，加大节能、节水、节地、节材和农村节肥节药工作力度，提高工业废弃物、农业废弃物、林业"三剩物"利用水平和水资源利用水平，减少污染物排放。推动产业集聚发展，加大园区循环化改造力度，加强信息化管理，扩大基础设施共享，促进园区绿色、循环、低碳发展。优化产业带、产业园区和基地的空间布局，鼓励企业间、产业间建立物质流、资金流、产品链紧密结合的循环经济联合体，促进工业、农业、服务业等产业间共生耦合，形成循环链接的产业体系。培育战略性新兴产业，大力发展资源循环利用等节能环保产业。

（二） 形成循环型流通方式

科学规划流通业布局，减少流通环节，发展多式联运，积极发展连锁经营、统一配送、电子商务等现代流通方式。提高仓储业利用效率和土地集约水平，建立以城市为中心的公共配送体系，优化城市配送网络，扩大统一配送和共同配送规模。推动使用可循环利用的物流配送、包装材料。发展绿色流通业，限制高耗能、高耗材产品流通，鼓励绿色产品采购和销售。加强零售批发业节能环保改造，倡导开展绿色服务。建立逆向物流体系，形成网络完善、技术先进、分拣处理良好、管理规范的再生资源回收体系，促进分散、难回收、价值低的再生资源回收。培育租赁业、旧货业发展。

（三） 推广普及绿色消费模式

提高全社会的节约意识，培养公众节水、节纸、节能、节电、节粮的生活习惯，反对铺张浪费。推广节能节水产品、绿色照明产品、再生产品、再制造产品、循环文化创意产品以及风能、太阳能等新能源，减少使用一次性用品，加大限制过度包装、禁塑、淘汰白炽灯的力度，完成城市限粘、县城禁实任务。引导居民进行垃圾分类，倡导绿色低碳出行方式。提高绿色产品市场占有率，扩大绿色采购比例，政府机构率先垂范。

（四）　推进城市建设的绿色化循环化

在城市改造和新区建设中充分体现资源环境承载能力，优化城市空间布局，完善功能分区，推进城市基础设施系统优化、集成共享。加强土地集约节约利用，优先开发空闲、废弃、闲置土地，加强存量土地再利用，扩大城区公共绿化面积。缺水地区同步规划建设再生水管网，雨水富集地区实现雨污分流，加强雨水收集利用。加强污泥资源化利用，回收污泥中的能源资源。完善建成区道路衔接度，发展公共交通，提高道路的通行速度和便捷程度，实施道路路灯节能改造。新建建筑严格落实绿色建筑标准，大力推进已建公共建筑、居民住宅的建筑节能改造。发展分布式能源，扩大新能源和可再生能源的应用范围。

（五）　健全社会层面资源循环利用体系

建设完善分类回收、密闭运输、集中处理、资源化利用的城市生活垃圾回收利用体系。开展餐厨废弃物、建筑垃圾、包装废弃物、园林废弃物、废弃电器电子产品和报废汽车等城市典型废弃物回收和资源化利用。构建"互联网＋"再生资源回收利用体系，鼓励互联网企业参与搭建城市废弃物回收平台，创新再生资源回收模式，提高再生资源回收利用率和循环利用水平，深化生产系统和生活系统的循环链接。推动企业余能、余热在生活系统的循环利用，扩大中水、城市再生水等应用范围，鼓励企业生产设施协同资源化处理城市废弃物，有条件的城市要科学规划建设理念先进、技术领先、清洁高效的静脉产业基地。

（六）　创新发展循环经济的体制机制

加强循环经济发展的组织领导和动员，健全工作机制。建立循环经济统计指标体系和评价制度，搭建循环经济技术、市场、产品等公共服务平台和基础数据库。强化宣传，建设绿色学校、社区，在中小学教育中普及绿色循环低碳理念。创新政策机制，基本形成循环经济发展的产业、投资、财税、价格、金融信贷等激励政策，建立起促进循环经济发展的环保监管、市场准入等"倒逼"机制。

各申报城市（县）要结合自身主体功能定位、区域经济特点和资源环境禀赋，科学确定适合自身特点的循环经济发展重点，以《循环经济示范城市（县）建设实施方案编制指南》中提出的必选指标为建设工作的基本要求，提出相应的工作重点和措施，同时应当根据自身资源环境特点和循环经济发展基础，提出各具特色的循环经济发展任务，从备选指标库中选择适合自身产业结构和发展模式的指标，作为建设示范城市（县）的努力方向和重要着力点，突出地方特色，总结凝练一批可推广复制的城市（县）循环经济发展典型模式，以点带面，积极探索通过发展循环经济实现经济发展方式转变的途径和措施，切实发挥循环经济促进新型城镇化建设的作用。

三、京津冀生态文明先行示范区

党的十八大要求把生态文明建设放在突出地位，融入经济建设、政治建设、文化建设、社会建设各方面和全过程。十八届三中全会要求紧紧围绕建设美丽中国深化生态文明体制改革，加快建立生态文明制度。2013年12月，国家发改委等六部委下发了《关于印发国家生态文明先行示范区建设方案（试行）的通知》，以推动绿色、循环、低碳发展为基本途径，促进生态文明建设水平明显提升。

2014年将北京市密云县、延庆县、天津市武清区、河北省承德市、河北省张家口市等55个地区作为第一批生态文明先行示范建设地区；2015年将北京市怀柔区、天津市静海区、河北省秦皇岛市、京津冀协同共建地区（北京平谷、天津蓟县、河北廊坊北三县）等45个地区作为第二批生态文明先行示范建设地区（见表5-1）。

表5-1 　第二批生态文明先行示范区建设地区及制度创新重点

序号	地区名称	制度创新重点
1	北京市怀柔区	1. 强化跨区域协同发展的制度与机制 2. 探索建立生态红线制度和资源环境承载能力监测预警机制 3. 推进空间性规划"多规合一"

序号	地区名称	制度创新重点
2	天津市静海区	1. 构建循环型社会相关制度，探索京津冀"城市矿产"协同发展的有效模式与机制 2. 创新地方水环境管理与土壤修复的政策和制度 3. 探索"多规合一"的制度安排
3	河北省秦皇岛市	1. 探索编制自然资源资产负债表 2. 探索海陆统筹、低碳经济相关制度 3. 探索建立体现生态文明建设要求的领导干部政绩考核评价制度
4	京津冀协同共建地区 （北京平谷、天津蓟县、河北廊坊北三县）	1. 创新区域联动机制，探索京津冀生态文明制度建设协同模式 2. 设立绿色发展基金，探索跨区域生态保护补偿机制 3. 建立生态红线管控制度

四、京津冀餐厨废弃物资源化利用和无害化处理试点

2010 年，国务院办公厅下发了《关于加强地沟油整治和餐厨废弃物管理的意见》，要求各地、各部门开展"地沟油"专项整治，加强餐厨废弃物管理，切实保障食品安全。为实现疏堵结合，建立餐厨废弃物处理的长效机制，2010 年 5 月，国家发展改革委、财务部、住房城乡建设部会同环境保护部、农业部以城市为单位，启动了餐厨废弃物资源化利用和无害化处理城市试点工作，提出在"十二五"期间，在全国 100 个城市建立起餐厨废弃物资源化利用和无害化处理体系。

北京市朝阳区、天津市津南区、河北省石家庄市被纳入餐厨废弃物资源化利用和无害化处理第一批试点城市（区），河北省唐山市在第二批试点城市（区）名单中，河北省邯郸市、河北省承德市先后成为餐厨废弃物资源化利用和无害化处理城市（区）之一，截至目前已取得较好的成绩，石家庄市、天津市津南区目前已通过 2018 年国家发展改革委、财政部、住房城乡建设部关于餐厨废弃物资源化利用和无害化处理试点城市的验收工作。

五、京津冀再生资源回收体系建设试点

为贯彻落实党的十六届五中全会提出的大力发展循环经济，完善再生资源回收利用体系和《国务院关于做好建设节约型社会近期重点工作的通知》《国务院关于加快发展循环经济的若干意见》精神，根据发改委、商务部等六部委关于组织开展循环经济试点工作的通知要求，目前在 4 个直辖市和 20 个省会及省辖市开展再生资源回收体系建设试点工作。目前已有 3 批共 90 个城市列入试点。北京市（朝阳区中兴再生资源回收利用公司）、天津市、河北省石家庄市（石家庄市物资回收总公司被纳入再生资源回收体系建设第一批试点单位）河北省张家口市、承德市也相继纳入试点。

六、京津冀节水型城市

为贯彻落实《国务院办公厅关于开展资源节约活动的通知》精神，根据建设部、国家发展改革委《关于全面开展创建节水型城市活动的通知》要求，经各省、自治区、直辖市建设厅（建委）、发展改革委（计委、经贸委）初步考核，建设部和国家发展改革委组织专家评审、现场考核验收，城市节水工作已达到了《节水型城市考核标准》要求并验收合格的城市被命名为国家节水型城市。北京市、河北省唐山市在 2002 年通过验收，成为第一批"节水型城市"；天津市、河北省廊坊市分别在 2005 年 2 月和 2007 年 3 月成为国家节水型城市。

2016 年 1 月，河北省委、省政府为贯彻落实京津冀协同发展战略，全面增强省会综合竞争力，打造京津冀城市群"第三极"，出台了《关于支持省会建设发展的若干意见》，明确石家庄市创建"全国节水型城市"。利用三年时间，将省会创建成国家级节水型城市，2016 年通过省级节水型城市考核验收；2018 年通过国家级节水型城市考核验收。其实施范围为石家庄市区（含长安区、桥西区、新华区、裕华区、藁城区、鹿泉区、栾城区、高新区、循环化工园区）。截至 2018 年，石家庄市已逐步淘汰浪

费水器具，推广应用节水型器具，确保省级节水型企业（单位、学校）年用水量之和占非居民用水量的21%以上，省级节水型居民小区居民户数占本区城市居民总户数的6%以上。逐步提高水资源费征收率，使其不低于95%，污水处理费（含自备井）收缴率不低于95%；对市区老旧小区管网中具备改造条件的管网实施改造，强化供水管网的日常巡检，严防输水管的跑、冒、滴、漏，确保达到考核标准。

七、京津冀海水淡化产业发展试点

2012年2月6日，国务院办公厅印发《国务院办公厅关于加快发展海水淡化产业的意见》（以下简称《意见》）。该《意见》分总体思路和发展目标、重点工作、政策措施、组织协调4部分。该《意见》提出：到2015年，中国海水淡化能力达到220万~260万立方米/日，对海岛新增供水量的贡献率达到50%以上，对沿海缺水地区新增工业供水量的贡献率达到15%以上；海水淡化原材料、装备制造自主创新率达到70%以上；建立较为完善的海水淡化产业链，关键技术、装备、材料的研发和制造能力达到国际先进水平。天津市滨海新区、河北省沧州市渤海新区2013年被选入海水淡化试点园区，同时，天津市国投津能发电有限公司成为供水试点。

在河北省东部，因首钢搬迁而闻名于世的唐山市曹妃甸开发区内，两处日产淡化海水5万吨的项目已悄然崛起。2014年4月，曹妃甸海水淡化进京项目有了积极进展。曹妃甸海水淡化项目总投资170亿元人民币，其中制水工程一期投资70亿元，形成每天100万吨的淡化能力；曹妃甸至北京铺设270千米长的输水管道，投资100亿元。淡水输送进京后可满足北京1/3的用水需求。

八、京津冀低碳城市试点

国家发改委于2010年7月19日《关于开展低碳省区和低碳城市试点工作的通知》2009年11月国务院提出我国2020年控制温室气体排放行动

目标后，各省份纷纷主动采取行动落实中央决策部署。低碳试点城市是在城市实行低碳经济，包括低碳生产和低碳消费，建立资源节约型、环境友好型社会，建设成一个良性的可持续的能源生态体系。试点城市建设要以低碳经济为发展模式及方向、市民以低碳生活为理念和行为特征、政府公务管理层以低碳社会为建设标本和蓝图的城市，组织开展低碳省区和低碳城市试点建设工作。天津市、河北省保定市成为首批低碳城市试点一员，2012 年 4 月，发改委气候司为了贯彻落实《国务院关于印发"十二五"控制温室气体排放工作方案的通知》的精神中，决定在第一批试点的基础上，进一步稳步推进低碳试点示范，并于 4 月 27 日下发了《关于组织推荐申报第二批低碳试点省区和城市的通知》，北京市、石家庄市、秦皇岛市被纳入第二批低碳城市试点范围。

京津冀城市群 10 个城市指北京、天津、秦皇岛、保定、沧州、石家庄、廊坊、张家口、承德、唐山。从整体绩效来看，2005 年京津冀 10 个城市的节能减排效率指数均值为 0.326，2014 年节能减排效率指数的均值为 0.456。京津冀节能减排效率得到改善，节能减排政策起到了一定的促进作用。2005 年，京津冀 10 个城市节能减排效率指数在 0.5 以上的只有北京与天津，节能减排效率指数在 0.3~0.5 区间的有秦皇岛和保定 2 个城市，其他城市的节能减排效率指数在 0.3 以下。2014 年，京津冀所有城市的节能减排效率指数均在 0.3 以上，北京、天津、秦皇岛、沧州、保定、石家庄 6 个城市节能减排效率指数在 0.5 以上。

近年来，京津冀生态环境建设合作不断深化。三地相继签订了《北方地区大通关建设协作备忘录》《京津冀都市圈城市商业发展报告》《关于建立京津冀两市一省城乡规划协调机制框架协议》《京津风沙源治理工程》等一系列区域合作协议。在生态低碳发展领域，京津冀城市群积极实施转型发展战略，采取诸如开展工业污染防治、推进产业调整和推进重点环保项目、提倡清洁生产、加快建设城市垃圾处理和污水处理、倡导循环经济等措施，生态建设和环境保护取得了一定进展，提升了资源利用水平，提高了京津冀节能减排效率。

2014 年，北京节能减排效率在京津冀城市群排第一，指数为 0.8895，达到优秀。北京以先进的标准引领节能减排。自 2012 年开始北京实施百项低碳发展标准建设实施方案，首次制定发布 27 项能耗限额类标准，不仅规定了现有企业单位产品能耗限额的限定值，而且明确了新建企业单位产品能耗限额的准入值，提出了企业单位产品能耗限额的先进值。在产业发展上，高技术制造业和生产性服务业已成为推动北京产业结构调整的重要力量，北京的发展已从资源主导的增长向节能减排内涵式发展转变，尤其是在低碳服务创新管理上，北京水平较高。在全国率先试点将能源费用托管型项目纳入财政奖励范围，节能服务备案企业 448 家，位居全国第一，实施合同能源管理项目节能量约 24 万吨，累计形成的年节能能力约为年风能利用量的 3 倍，节能效果显著。2013 年北京获全国唯一服务业清洁生产试点城市。2014 年北京的万元 GDP 能耗全国最低。

九、京津冀生态保护与建设示范区

根据《生态保护与建设示范区实施意见》的要求，2015 年 4 月 23 日，国家发展改革委、科技部、国土资源部等 11 个部委发布了《生态保护与建设示范区名单》，名单中包括京津冀地区的北京市房山区、怀柔区，天津市武清区、宝坻区、蓟县，河北省张家口市、唐山市、迁安市、石家庄市赞皇县、保定市安新县。

在空气质量方面，2015 年，北京市 PM2.5 平均浓度比 2012 年下降 15.8%；天津市 PM2.5 平均浓度比 2013 年下降 27.1%；河北省 PM2.5 平均浓度比 2013 年下降 28.7%。在 2012—2018 年间京津冀生态建设实现突破，三地林业部门不仅建立了生态建设联席会议制度，完善了林业有害生物防治、森林防火联防联控机制，还加强了生态建设项目区域合作，累计投入资金 6 亿元，重点实施了京冀生态水源保护林、森林防火基础设施等联防联治项目。其中，在张家口及承德地区官厅水库、密云水库上游，已建成 60 万亩生态水源保护林。2016 年北京协同构建了京津保森林湿地群，以通州马驹桥和大兴新机场周边、地下水严重超采区为重点，完成造林绿化任务 1.5 万亩，并在房山、大兴、通州、顺义等北京、天津、保定毗邻地区，恢复湿地 900 公顷，新增湿地 500 公顷，建设两处湿地公园。北京、廊坊、保定的景观生态林合作项目也将启动，将在廊坊、保定毗邻北京的地区开展重点生态廊道建设和荒山绿化，构建京廊保城市群大规模森林湿地板块。

十、京津冀资源综合利用"双百工程"——示范基地

2012 年 3 月，国家发展和改革委员会印发了《关于开展资源综合利用"双百工程"建设的通知》，提出"十二五"期间在全国重点培育和扶持百个资源综合利用示范基地和百家资源综合利用骨干企业。2011 年 2 月，承德市被工信部确定为全国 12 个工业固体废物综合利用基地建设试点地区之一。2016 年 9 月，承德市又被工信部确定为全国 12 个工业资源综合利用示范基地之一。经过几年来的快速推进，承德尾矿综合利用取得了明显成效，年利用量超过 5 000 万吨，尾矿综合利用率从 2010 年的21%上升到 2015 年的 31%，利用方式已涵盖有价元素回收、尾矿制备建筑材料和其他新型材料、尾矿干排和胶结充填、尾矿农用等各领域。截至2017 年，全市共有铁磷钛综合采选企业 71 家，尾矿制备建筑材料和其他新型材料项目 101 个，尾矿干排项目 41 个，尾矿胶结充填企业 16 家，实现综合开发利用产值 152 亿元。河北唐山市成立唐山市产业废物综合利用示范基地，主要利用冶炼渣、煤矸石、粉煤灰、工业副产石膏。2014 年，河北省魏县成为第二批资源综合利用"双百工程"示范基地。

十一、京津冀工业固体废物综合利用基地

为推进工业资源综合利用产业规模化、高值化、集约化发展，加快提升资源综合利用水平，促进工业绿色转型发展，工业和信息化部组织开展了工业固体废物综合利用基地建设试点工作。依据《工业和信息化部办公厅关于开展工业固体废物综合利用基地建设试点工作的通知》《工业和信息化部办公厅关于开展工业固体废物综合利用基地建设试点验收工作的通知》，经评审和公示，于 2016 年确定了第一批工业资源综合利用示范基地，包含河北省承德市等 12 个城市。其中，承德市工业固体废物综合利用基地主要领域为铁尾矿的综合利用。

推动京津冀及周边地区工业资源综合利用，是京津冀协同发展战略的重要内容，也是落实《中国制造 2025》、推动工业绿色发展的内在要求，对于缓解资源环境压力和安全隐患、培育新的经济增长点、推动区域产业优化升级和绿色转型具有重要意义。工业和信息化部组织实施了《京津冀及周边地区工业资源综合利用产业协同发展行动计划》，建设了一批京津冀跨区域综合利用协同发展示范项目，培育了河北睿索固废工程技术研究院等技术创新平台，建设了河北承德等综合利用示范基地，京津冀地区工业资源综合利用产业初步实现了规模化、高值化、集约化发展，跨区域协同创新效应日益显现。该措施将深入推进行动计划实施，加快引导技术协同创新，加大绿色制造等专项资金支持力度，推动京津冀及周边地区工业资源综合利用产业与生态环境协调发展。

十二、京津冀农业废弃物资源化利用试点

农业废弃物资源化利用是农村环境治理的重要内容，为贯彻党的十八届五中全会、2016 年中央 1 号文件、《中共中央国务院关于加快推进生态文明建设的意见》《国务院办公厅关于加快转变农业发展方式的意见》和《全国农业可持续发展规划（2015—2030 年)》的有关决策部署，围绕解决农村环境脏乱差等突出问题，聚焦畜禽粪污、病死畜禽、农作物秸秆、废旧农膜及废弃农药包装物等五类废弃物的处理，2016 年农业部、国家发展改革委、财务部、住房和城乡建设部、环境保护部、科学技术部印发《关于推进农业废弃物资源化利用试点的方案》，率先在 30 个左右县（市）开展试点，京津冀地区城市目前依照相关政策指引，努力开展农业废弃物资源化利用工作。

为有效解决京津冀地区养殖业废弃物产量大、资源化利用效率不高、可推广可复制的商业化运作模式不足等问题，促进该地区传统农业向现代农业转型升级，抓好农业重点领域面源污染防治，做好畜禽养殖废弃物处理技术模式的集成与示范，中国农业科学院以国家农业联盟建设为契机，依托京津冀地区科技优势和区位优势，商同京津冀地区的地方政府，组织该地区的有关科研机构、涉农大学和养殖企业于 2017 年 4 月开展了"京

津冀地区畜禽养殖废弃物利用科技联合行动"，旨在通过创新畜禽粪污资源化利用关键技术、探索不同规模养殖废弃物利用模式和持续运行机制，控制京津冀地区养殖业废弃物污染，提高养殖废弃物中养分资源的利用效率，探索示范可推广可复制的商业化运作模式，为保障京津冀地区环境质量和农业的绿色可持续发展提供科技支撑。

　　"科技联合行动"实施以来，京津冀地区按照农业部推动绿色发展、"一控、两减、三基本"和国家科技创新联盟的要求，以创新畜禽粪污土地承载力测算方法、研发畜禽粪污资源化利用关键技术和设备、探索不同区域技术模式和机制为重点，联合京津冀三省份农科院、涉农大学和典型养殖企业，建立"1＋3＋9"的工作运行机制，多方筹措资金，形成了 1 项畜禽粪污土地承载力测算方法和 3 种集成模式，即家庭农场废弃物处理利用模式、典型养殖场废弃物资源化利用模式和粪污专业化处理利用模式，打造了畜禽养殖废弃物处理技术的应用典型样板，并取得了良好效果。

第六章 企 业

一、京津冀资源节约型、环境友好型企业创建试点

按照党的十七大、十七届五中全会精神，为深入贯彻落实科学发展观，组织推动工业企业走节约发展、清洁发展之路，加快工业发展方式转变，工业和信息化部、财政部和科技部决定在工业领域组织开展资源节约型、环境友好型企业创建工作。各地区、有关中央企业按照工业和信息化部、财政部和科技部《关于组织开展资源节约型和环境友好型企业创建工作的通知》要求，组织推荐了一批"两型"企业创建试点备选企业，并以此确定了第一批试点企业。其中，钢铁冶炼类企业包括首钢京唐钢铁联合有限责任公司、天津钢管集团股份有限公司、唐山钢铁集团有限责任公司等公司；建材行业企业包含北京新北水水泥有限责任公司、北新集团建材股份有限公司等公司；轻工企业包括北京燕京啤酒股份有限公司等公司。

二、京津冀工业产品生态设计示范企业

2013年1月，工业和信息化部、国家发展改革委、环境保护部发布《关于开展工业产品生态设计的指导意见》引导企业开展工业产品生态设计，促进生产方式、消费模式向绿色低碳、清洁安全转变。按照工作方案要求，2014年，选择钢铁、有色金属、石化、建材、机械、电子电器、汽车、纺织8个行业进行生态设计示范企业创建工作。为贯彻《中国制造

2025》，落实《工业绿色发展规划（2016—2020 年）》和《绿色制造工程实施指南（2016—2020 年)》有关要求，工业和信息化部、国家发展改革委、环境保护部深入推进生态（绿色）设计企业试点工作，2015 年 6 月确定了 41 家企业为工业产品生态设计试点企业（第一批），其中包含京津冀企业：联想（北京）有限公司（电器电子）、北京京东方显示技术有限公司（电器电子）、北京中科博联环境工程有限公司（机械装备）、廊坊德基机械科技股份有限公司（机械装备）等企业。

三、京津冀循环经济标准化试点

2005 年，国务院发布《关于加快发展循环经济的若干意见》，提出在重点行业、重点领域、园区和城市组织开展循环经济试点，国家发展改革委同有关部门，分两批批准 178 家单位开展循环经济试点。2009 年，国家标准委依据有关法律法规和国务院文件，联合国家发展改革委印发《循环经济标准化试点工作指导意见》，提出了试点的指导思想、任务和目标，试点的申报和审批流程，以及试点的管理与考核。2011 年国家标准委和国家发展改革委联合印发《国家循环经济标准化试点考核评估方案（试行)》，考核评估内容分为 4 个方面：循环经济标准化工作模式、循环经济标准化基础性工作、循环经济标准的宣传及贯彻应用、循环经济标准信息平台建设。循环经济标准化试点项目采用全生命周期管理的理念和方法，依据有关文件，从申报、年度、中期、验收等全生命周期过程实现在线管理，大大提高了试点项目的运行管理效率，对于试点的绩效评价，一是进行考核评估，二是编制循环经济标准化典型模式案例的报告，为其他企业、园区或城市提供范例。北京水泥厂有限责任公司、北京市密云县十里堡镇、北京市朝阳区中兴再生资源回收利用公司、北京金运通大型轮胎翻修厂、盈创再生资源有限公司、天津子牙循环经济产业园、天津国投北疆发电厂、天津经济技术开发区、天津临港经济区、河北西柏坡发电有限责任公司、河北冀衡集团公司、河北唐山三友集团化纤有限公司、石家庄市物资回收总公司、河北省曹妃甸循环经济示范区等企业成为国家循环经济试点示范单位。

2017 年 2 月唐山金利海生物柴油股份有限公司被国家标准委、发改委批准为河北省首家"国家循环经济标准化试点示范企业",至 2018 年,该公司实现了更高质量的发展,年处理京津冀地区餐厨废油 8.3 万吨,生产生物柴油 6.9 万吨,减排二氧化碳 17.25 万吨,创产值 3.6 亿元,出口创汇 666 万美元。生物柴油是一种可再生能源,燃烧后完全分解为二氧化碳和水,排放的二氧化碳远低于植物生长过程中所吸收的二氧化碳当量。燃烧 1 吨生物柴油可以比石化柴油减排二氧化碳气体 2.5 吨。生物柴油含硫量低,二氧化硫和硫化物排放量比普通柴油减少 30% 以上。实验表明,在石化柴油里添加 10% ~20% 的生物柴油,汽车尾气 PM2.5 ~10 污染颗粒物的排放会减少 48% ~86% 。在试点创建过程中,金利海研究制定的生物柴油标准,引领了行业健康发展。

北京市 2015 年出台关于推进节能低碳和循环经济标准化工作的实施方案,方案表示从 2015 年开始,将分两批发布本市节能低碳和循环经济标准制定修订清单,分三个阶段滚动推进标准化工作。

(一) 第一阶段(2015—2017 年)

完善节能低碳和循环经济标准工作机制,推进节能低碳和循环经济标准化试点示范,制定一批团体标准、企业标准。全面梳理节能低碳领域现行的国家、行业和地方标准,厘清各类标准之间的关系,建立标准制定修订全过程信息公开和共享平台。开展标准制定修订清单(2015—2017 年)编制工作,并对现行标准实施效果进行评价和复审,清理废止不符合实际需求的地方标准。

(二) 第二阶段(2018—2020 年)

完成各领域、各行业标准化试点示范工作,取得一批可推广、可复制的经验做法。以试点示范为基础,大力推动发展市场自主制定的团体标准、企业标准,形成协调配套、简化高效的推荐性标准管理体制,更好地满足市场竞争、创新发展需求。

(三) 第三阶段(2021—2022 年)

基本建成结构合理、衔接配套、覆盖全面、适应首都经济社会发展需求的新型节能低碳和循环经济标准体系，使本市进入国际节能低碳和循环经济标准创制先进地区行列，为成功举办 2022 年冬奥会提供标准化工作支撑。开展"十三五"标准化工作成效总体评价，启动新一轮标准动态调整更新工作。

四、国家级绿色矿山试点

《全国矿产资源规划（2008—2015 年）》提出了发展绿色矿业的明确要求，并确定了 2020 年基本建立绿色矿山格局的战略目标，为全面落实规划目标任务，2010 年，国土资源部发布《关于贯彻落实全国矿产资源规划发展绿色矿业建设绿色矿山工作的指导意见》积极推进绿色矿山试点工作。按照"规划统筹、政府引导、企业主体、协会促进、政策配套、试点先行、整体推进"的思路，将发展绿色矿业、建设绿色矿山作为转变矿业发展方式、提升矿业整体形象、促进矿业健康持续发展的重要平台和抓手，树立了一批开采方式科学化、资源利用高效化、企业管理规范化、生产工艺环保化、矿山环境生态化的先进典型，涵盖油气、煤炭、有色金属、冶金、黄金、化工、建材及非金属等行业，试点包括京津冀企业北京水泥厂有限责任公司凤山矿、首云矿业股份有限公司首云铁矿、北京云冶矿业有限责任公司冯家峪铁矿、冀中能源股份有限公司（云驾岭矿）、冀中能源股份有限公司（东庞矿）、冀中能源股份有限公司（邢东矿）等几十家试点企业。

2015 年 12 月，受国土部委托，中国矿业联合对第二批 183 家国家级绿色矿山试点单位进行评估，其中 156 家通过评估验收，其中京津冀地区 13 家（见表 6 - 1）。

表 6 - 1　通过国家级绿色矿山试点单位评估验收的京津冀矿业企业表

省（区、市）	企业名称
北京市	1. 北京昊华能源股份有限公司大安山煤矿
	2. 北京昊华能源股份有限公司木城涧煤矿
	3. 北京密云县放马峪铁矿
	4. 北京建昌矿业有限责任公司太师屯铁矿

省（区、市）	企业名称
河北省	1. 河北冀中能源股份有限公司邯郸云驾岭煤矿 2. 河北冀中能源股份有限公司东庞煤矿 3. 河北冀中能源股份有限公司邢东煤矿 4. 河北钢铁集团滦县司家营矿业有限公司（司家营铁矿） 5. 河北滦平金锘矿业有限公司（周台子铁矿） 6. 河北钢铁集团矿业有限公司庙沟铁矿 7. 河北金厂峪矿业有限责任公司（金厂峪金矿） 8. 河北张家口弘基矿业有限责任公司（黄土梁金矿） 9. 开滦（集团）有限责任公司唐山矿业分公司（唐山煤矿）

国土资源部于 2010 年 8 月出台《关于贯彻落实全国矿产资源规划展绿色矿业建设绿色矿山工作的指导意见》，提出到 2020 年，全国绿色矿山格局基本形成，大中型矿山基本达到绿色矿山标准，小型矿山企业按照绿色矿山条件严格规范管理。

五、京津冀资源再生利用重大示范工程

为贯彻落实 2015 年工业转型升级行动计划总体部署，培育新的经济增长点，加快再生资源产业先进适用技术与产品推广应用，探索再生资源产业发展新机制、新模式，充分发挥示范工程引领带动作用，提高再生资源行业整体水平，2015 年 5 月，工业和信息化部组织了开展一批资源再生利用重大示范工程建设，涉及废钢铁、废有色金属、废旧轮胎、废塑料、废油、废旧纺织品、建筑废弃物、废弃电器电子产品、报废汽车等资源再生利用。包括京津冀企业北方鼎业再生资源开发有限公司、天津振泓再生资源有限公司、河北大无缝建昌铜业有限公司、华新绿源环保产业发展有限公司、TCL 奥博（天津）环保发展有限公司、天津海泰环保科技发展有限公司、北京元泰达环保科技有限公司、北京博瑞联通汽车循环利用科技有限公司、格林美天津城市矿产循环发展有限公司及其他企业共 85 家（见表 6－2）。

表 6 – 2   国家资源再生利用重大示范工程名单

序号	领域	项目名称	申报企业	省份
1	废钢铁	北方废钢铁加工配送中心项目	北方鼎业再生资源开发有限公司	河北
2		年产 10 万吨汽车精密钢管项目	天津振泓再生资源有限公司	天津
3	废有色金属	电解铜加工及阳极泥提纯项目	河北大无缝建昌铜业有限公司	河北
4	废弃电器电子产品	废弃电器电子产品回收处理产业示范项目	华新绿源环保产业发展有限公司	北京
5		废旧家电拆解、提炼及精深加工项目	TCL 奥博（天津）环保发展有限公司	天津
6	废旧轮胎	废轮胎回收全产业链资源化再生利用项目	天津海泰环保科技发展有限公司	天津
7		30 万吨废旧轮胎（橡胶）建设项目	唐山兴宇橡塑工业有限公司	河北
8	建筑废弃物	北京元泰达建筑垃圾资源一体化技术升级改造项目	北京元泰达环保科技有限公司	北京
9	报废汽车	报废车循环利用示范项目	北京博瑞联通汽车循环利用科技有限公司	北京
10		天津格林美报废汽车综合利用项目	格林美天津城市矿产循环发展有限公司	天津

六、京津冀工业循环经济重大示范工程

为推动工业领域循环经济发展，加快形成资源循环利用产业模式，工业和信息化部于 2011 年组织开展了工业循环经济重大示范工程推荐申报工作。经过对各地区上报的备选示范工程进行评审和论证，最终确定了第一批 23 项工业循环经济重大示范工程。首批 23 项工业循环经济重大示范工程涉及煤电能源、水泥、化工、有色金属等行业，工程纳入京津冀企业北京金隅集团有限责任公司、河北盛华化工有限公司、天津国投津能发电有限公司、天津长芦汉洁盐厂有限责任公司、天津华泰龙淡化海水有限公司。

2014 年，京津冀地区共建冀津（涉县·天铁）循环经济产业示范区，共同把冀津循环经济产业示范区建设成为京津冀协同发展的重要平台。着重发展精品钢材、装备制造、精细化工、新型建材、新能源、新材料、节

能环保、教育、旅游等产业；共同推动天津有转移和扩张意愿的企业到示范区投资，引导两地重点企业互相发展关联及配套项目入驻园区；共同推动产业转型升级、节能减排、环境治理等工作，打造宜居宜业宜游的循环经济示范区。共同推动天铁集团向精品钢材、装备制造产业延伸，向非钢产业、战略性新兴产业转移，并推动实施一批节能环保项目，实现天铁绿色发展。争取国家有关部门支持，共同推动涉县到天津铁路提速改造、调整优化涉县到天津道路客运班线运力结构以及开展两地间铁路货运专线可行性研究等工作。

七、京津冀循环经济试点

2005 年 10 月国家发展和改革委员会、国家环保总局等 6 个部门联合印发《关于组织开展循环经济试点（第一批）工作的通知》，选择了钢铁、有色、化工等 7 个重点行业的 43 家企业，再生资源回收利用等 4 个重点领域的 17 家单位，13 个不同类型的产业园区，涉及 10 个省份的资源型和资源匮乏型城市，开展第一批循环经济试点，目的是探索循环经济发展模式，推动建立资源循环利用机制。

2007 年 12 月，国家发展改革委、国家环保总局、科技部、财政部、商务部、国家统计局联合印发《关于组织开展循环经济示范试点（第二批）工作的通知》，选择了钢铁、有色、煤炭、机械制造、农业（林业）等 11 个重点行业的 42 家企业，再生资源加工利用基地等四个重点领域的 17 家单位，作为第二批国家循环经济试点单位，以作为对第一批试点的补充和深化。河北唐山三友集团化纤有限公司（纺织印染）、北京市密云县十里堡镇（农业林业）、天津子牙工业园（再生资源加工利用基地）、天津市临港工业区（产业园区）、天津北疆发电厂（电力）、河北西柏坡发电有限责任公司（电力）等京津冀企业或产业园区入选国家第一批、第二批循环经济试点。

天津静海县子牙镇的子牙循环经济产业区是我国北方最大的循环经济园区，也是国内循环经济领域的第一个国家级开发区。天津子牙循环经济产业区总体规划（2008—2020 年）提出，资源循环与利用指标方面，重点产业的资源化率达到99%以上，工业用水重复利用率2020 年达到90%以上，均高于国内同行业平均水平。污染控制指标方面，2020 年产业区单位工业增加值废水产生量低于2.1 吨/万元，小于国家静脉产业类生态工业园区7 吨/万元的标准。规划以产业经济充分循环为目标，打造同行业内以"零损耗"和，"自消化"为特征的"子牙模式"。

根据《关于组织开展循环经济试点（第一批）工作的通知》《关于组织开展循环经济示范试点（第二批）工作的通知》的要求，国家发展改革委、环境保护部、科学技术部、工业和信息化部、财政部、商务部、国家统计局在2014 年、2015 年组织开展了国家循环经济试点示范单位的验收工作，下面是通过验收的单位名单（见表6 - 3）。

表6 - 3　　　　京津冀地区通过验收的国家循环经济试点示范单位名单

地区	名称
北京	北京市
	北京水泥厂有限责任公司
	北京市密云县十里堡镇
	北京市朝阳区中兴再生资源回收利用公司
	北京金运通大型轮胎翻修厂
	盈创再生资源有限公司
河北	河北西柏坡发电有限责任公司
	河北冀衡集团公司
	河北唐山三友集团化纤有限公司
	石家庄市物资回收总公司
	河北省曹妃甸循环经济示范区
	邯郸市
天津	天津市
	天津子牙循环经济产业区（原天津子牙工业园）
	天津国投北疆发电厂（原天津北疆发电厂）
	天津经济技术开发区
	天津临港经济区（原天津市临港工业区）

八、京津冀资源综合利用"双百工程"——骨干企业

2012 年 3 月，国家发展改革委员会印发了《关于开展资源综合利用"双百工程"建设的通知》（以下简称《通知》），提出"十二五"期间在全国重点培育和扶持百个资源综合利用示范基地和百家资源综合利用骨干企业。《通知》下发后，各地高度重视，积极组织申报，在专家评审和实地调研的基础上，国家发展改革委员会选出了 50 家单位作为首批资源综合利用"双百工程"示范基地和骨干企业。2012 年，首批骨干企业确定，包含京津冀企业河北远通矿业有限公司（尾矿处理）、唐山钢铁集团有限责任公司（冶炼渣利用）等 26 家骨干企业；2014 年 9 月，第二批 24 家骨干企业确定（见表 6 – 4）。

表 6 – 4　　　京津冀资源综合利用"双百工程"骨干企业名单

批次	企业名称	主要利用资源
第一批	河北远通矿业有限公司	尾矿
	唐山钢铁集团有限责任公司	冶炼渣
	北新集团建材股份有限公司	工业副产石膏
第二批	中节能新材料投资有限公司	煤矸石、粉煤灰、石粉

九、京津冀再制造产业化试点示范

为全面贯彻落实《循环经济促进法》，培育新的经济增长点，2010 年 5 月 13 日，国家发展改革委、科技部、工业和信息化部等 11 个部门印发《关于推进再制造产业发展的意见》（以下简称《意见》）。《意见》包含推进再制造产业发展的重大意义、我国再制造产业发展现状、推进再制造产业发展的指导思想和基本原则、推进再制造产业发展的重点领域、加强再制造技术创新、加快再制造产业发展的支撑体系建设、完善再制造产业发展的政策保障措施、加强对再制造产业发展的组织领导 8 个部分。第一批、第二批示范企业包括京津冀企业河北长立汽车配件有限公司（内燃机

及配件）、河北新四达电机制造有限公司（电器机械和器材）、天津工程机械研究院（工程机械）、北京三兴汽车有限公司（矿采机械）以及各省企业总计63家（见表6-5）。

2015年3月，河北省河间市与北京科技协作中心、中国汽车工业协会零部件再造分会、机械产品再制造国家工程中心等签署合作框架协议，共同推进京津冀国家再制造产业示范基地建设。再制造是将废旧品进行专业化修复的批量化生产过程，与制作新品比，再制造产品可达到原有新品相同质量和性能，可节约成本50%，节能60%，节材70%，是循环经济"再利用"的高级形式。河间再制造业目前主要集中在汽车配件和石油钻采两个行业，其中汽车配件再制造企业150多家，产品有10多个种类上千种规格，年产量突破400万台，是目前全国最大的汽车发电机、起动机再制造基地；石油钻采再制造企业200余家，产品远销中东、非洲、东欧等多个国家和地区，国内市场占有率近10%。河间与北京科技协作中心等合作，主要打造集逆向物流、拆解清洗、分类处理、再制造、检测、产品销售、创新研发、电子商务、售后服务等于一体的京津冀国家再制造产业示范基地。基地建成后，将成为京津冀地区唯一的国家级示范基地和北京高新技术成果转化基地。

表6-5　　　　　　　　　　京津冀再制造产业园项目

公司名称	项目名称	总投资	建设内容
河北艾力驰汽车配件有限公司	汽车起动机、发电机、空调压缩机再制造项目	3.5亿元	项目占地60亩，主要建设生产车间、仓库、办公及配套设施，总建筑面积2.3万平方米，主要生产再制造汽车起动机、发电机、空调压缩机
河北神菱机电制造有限公司	再生铝合金、汽车配件及燃气壁挂锅炉项目	6.5亿元	项目占地78.6亩，主要建设生产车间、办公楼、仓库等设施，总建筑面积2.8万平方米，建成后年产再生铝合金3.6万吨、壁挂炉5万台和发动机油泵、水泵等压铸加工产品2.8万吨
河北长立汽车配件有限公司	汽车起动机、发电机、涡轮增压器再制造项目	4亿元	项目占地59.43亩，主要建设生产车间、办公楼、仓库等设施，主要生产汽车起动机、发电机、涡轮增压器

续表

公司名称	项目名称	总投资	建设内容
河间市银龙轨道有限公司	高速铁路轨道板项目	3.88亿元	项目占地195.4亩，建设生产车间、仓库、办公及附属用房25 310平方米，购置轨道板生产线等先进生产设备及安全、环保配套设备71台（套），建成后年产高铁轨道板5万块
河间市众惠机电产品再制造有限公司	再制造产品研发中心项目	6亿元	项目占地60亩，建设京津冀再制造产业技术研究院、徐滨士再制造产业技术院士工作站、再制造产品示范生产线、再制造产品中试基地、再制造行业人才培训基地、再制造产品检验检测中心及附属办公设施等41 000平方米
河间市众异电子科技有限公司电子产品	电子产品项目	1.8亿元	主要建设车间3座，建筑面积27 900平方米，办公楼一座，建筑面积4 680平方米，库房一座，建筑面积2 220平方米等设施
河北瀛洲再制造科技发展有限公司	京津冀再制造产业园项目	30.11亿元	占地980亩，主要建设再制造车间、拆解车间、储运仓储区、配套服务区、仓库、宿舍及专家公寓等设施，总建筑面积70万平方米

十、京津冀工业清洁生产示范

2009年，财政部、工信部联合开展工业清洁生产示范项目建设工作，由中央财政清洁生产专项资金优先支持重点行业、流域、区域的重大清洁生产技术示范项目。专项资金安排采取补助或事后奖励方式。2002—2010年，利用中央财政清洁生产专项资金，以及地方工业主管部门节能减排资金对清洁生产的支持，累计安排财政专项资金16亿元，带动社会投资1 200亿元，实施清洁生产技术改造项目5万多项。2013年，第一批支持重点行业66个工业清洁生产示范项目；第二批支持重点行业23个应用示范项目和6个推广示范项目。2014年，支持重点行业52个应用项目，15个高风险污染物削减项目。2013年国家工业和信息化部《重点行业清洁生产示范企业名单》公示如表6-6所示。

表 6 - 6   京津冀重点行业清洁生产示范企业名单

企业名称	行业	示范类型
唐山钢铁集团有限责任公司	钢铁	资源高效利用
北京水泥厂有限责任公司	水泥	资源高效利用、生态设计
东陶机器（北京）有限公司	陶瓷	资源高效利用

十一、京津冀工业资源综合利用产业协同发展示范工程

为贯彻落实《京津冀协同发展规划纲要》《中国制造 2025》，推进京津冀及周边地区工业资源综合利用产业协同发展，提升工业绿色发展水平，工信部于 2016 年 10 月确定了一批京津冀及周边地区工业资源综合利用产业协同发展示范工程项目，包含 44 家京津冀企业的示范工程项目（见表 6 - 7）。

表 6 - 7   京津冀及周边地区工业资源综合利用产业协同发展示范工程项目名单

序号	企业名称	项目名称
1	北京联绿技术有限责任公司	建筑垃圾资源一体化
2	天津绿色再生资源利用有限公司	废旧家电拆解再生资源回收利用
3	唐山华丽联合新型建筑材料有限公司	轻型钢结构 ASA 板镶嵌式集成节能建筑体系
4	承德新通源新型环保材料有限公司	尾矿生产微晶系列产品
5	河北港安环保科技有限公司	年处理 18 万吨废旧铅酸电池综合利用
6	宽城金河建材构件有限公司	利用固体废弃物生产高性能混凝土及构件
7	唐山鹤兴废料综合利用科技有限公司	年处理 200 万吨冶金废料综合利用
8	京环鼎业再生资源股份有限公司	京环鼎业再生资源综合利用
9	河北大无缝建昌铜业有限公司	再生铜全产业链综合利用
10	承德振龙建筑材料集团有限公司	年产 30 万立方加气混凝土砌块
11	金泰成环境资源股份有限公司	年处理 80 万吨工业固废（钢渣）综合利用生产高性能混凝土胶凝材料
12	丰宁满族自治县晶环新型材料加工有限公司	新型建材生产加工
13	唐山鑫联环保科技有限公司	钢铁烟尘清洁利用及多元化回收
14	辛集市泓林化纤有限公司	18 万吨聚酯纤维
15	山西天元绿环科技股份有限公司	再生资源回收处理综合利用（一期）
16	包头市平远物资回收有限责任公司	包头再生资源回收循环利用
17	正蓝旗宏江新型环保建材有限责任公司	粉煤灰综合利用工程建设
18	亿利沙材料科技有限责任公司	固废及沙漠沙高效综合利用一体化
19	中电卓新（锡林浩特）新材料有限公司	北京、内蒙古协同利用粉煤灰生产灰砖及复合固结土
20	赤峰市利拓矿业有限公司	年利用尾矿 45 万吨高值化综合利用

序号	企业名称	项目名称
21	鄂尔多斯市永大成环保建材有限公司	年产1.5亿块粉煤灰砖及年增产20万立方米加气混凝土砌块
22	包头市汇鑫嘉德节能减排科技有限公司	烟尘综合利用
23	内蒙古兴东实业有限公司	年产20万吨陶瓷原料及5万吨煅烧莫来石
24	山东兴盛矿业有限责任公司	杨庄尾矿砂综合利用
25	青岛北苑环保建材有限公司	建筑垃圾及尾矿再生利用
26	东营国安化工有限公司	20万吨/年分子蒸馏废润滑油改质
27	中铁十四局集团建筑科技有限公司	建筑产业化基地
28	泰山石膏（东营）有限公司	综合利用废渣石膏年产5 000万平方米纸面石膏板
29	泗水惠丰农业开发工程有限公司	废石、尾矿工业资源综合利用
30	山东维统科技有限公司	粉煤灰综合利用年产300万平方米新型建材产品
31	山东省华嘉资源综合利用有限公司	报废汽车回收拆解综合利用
32	山东路德新材料股份有限公司	高性能塑料土工合成材料
33	东岳机械股份有限公司	年产70万立方米新型轻质保温墙体及屋面生产线
34	天能集团（濮阳）再生资源有限公司	无害化年处理10万吨废旧铅蓄电池再生铅与铅合金
35	河南格林美资源循环有限公司	年综合处理报废汽车10万吨综合利用
36	新乡北新建材有限公司	年产3 000万平方米纸面石膏板生产线
37	河南明阳再生资源股份有限公司	年产30万吨废钢、钢铁炉料加工配送基地
38	焦作市强耐建材有限公司	年产2.6亿块新型墙材
39	三门峡神源镓业有限公司	利用棕刚玉生产企业烟尘灰渣提取镓、硫酸铝等综合利用
40	河南艾瑞环保科技有限公司	年拆解处理350万台废弃电器电子产品建设
41	河南省万丰源橡胶有限公司	废旧轮胎综合利用
42	中国钢研集团有限公司（新冶高科技集团有限公司）	河北康润安废旧轮胎再生利用
43	中国建筑材料集团有限公司	故城综合利用脱硫石膏年产3 000万平方米纸面石膏板生产线
44	中国铝业公司（中国铝业股份有限公司）	年20万吨氧化铝赤泥综合利用

十二、京津冀尾矿综合利用示范工程

为贯彻落实《大宗工业固体废物综合利用"十二五"规划》和《关于印发全国尾矿库专项整治行动工作总结及下一步尾矿库综合治理行动重点工作安排的通知》要求，加快尾矿综合利用先进适用技术推广应用，提高尾矿综合利用技术水平，充分发挥示范工程典型带动作用，2014年1月13日，工业和信息化部、国家安全监管总局办公厅发布了《关于组织推荐尾矿综合利用示范工程的通知》。2015年1月4日，包含京津冀企业密云县放马峪铁矿、北京威克冶金有限责任公司、天津成强大型水泥制品有限公司、遵化市中环固体废弃物综合利用有限公司、承德德厦新型建材有限公司、承德市双滦建龙矿业有限公司等34个尾矿综合利用项目被列为示范工程（见表6-8）。

表6-8　　　　　　　　　京津冀尾矿综合利用示范工程

序号	企业名称	项目名称
1	北京联绿技术有限公司	建筑垃圾资源一体化
2	天津绿色再生资源利用有限公司	废旧家电拆解再生资源回收利用
3	唐山华丽联合新型建筑材料有限公司	轻型钢结构ASA板镶嵌集成节能建筑体系
4	承德新通源新型环保材料有限公司	尾矿生产微晶系列产品
5	河北港安环保科技有限公司	年处理18万吨废旧铅酸电池综合利用
6	宽城金河建材构件有限公司	利用固体废弃物生产高性能混凝土及构件
7	唐山鹤兴废料综合利用科技有限公司	年处理200万吨冶金废料综合利用
8	京环鼎业再生资源股份有限公司	京环鼎业再生资源综合利用
9	河北大无缝建昌铜业有限公司	再生铜全产业链综合利用
10	承德振龙建筑材料集团有限公司	年产30万立方米加气混凝土砌块
11	金泰城环境资源股份有限公司	年处理80万吨工业固废（钢渣）综合利用生产高性能混凝土凝胶材料
12	丰宁满族自治县晶环新型材料加工有限公司	新型建材生产加工
13	唐山鑫联环保科技有限公司	钢铁烟尘清洁利用及多元化回收
14	辛集市泓林化纤有限公司	年产18万吨聚酯纤维

第三篇　京津冀循环经济与城镇化耦合关系研究

第七章 基本模型

一、系统发展模型

设 $f(x) = \sum a_i x_i$ 为城镇化子系统的发展水平，其中 a_i 和 x_i 分别表示城镇化指标与其各自的权重；$g(y) = \sum b_i y_i$ 为循环经济子系统的发展水平，其中 b_i 和 y_i 分别表示循环经济指标与其各自的权重。T 表示两子系统组合而成的总系统的发展水平，可构造如下发展函数：

$$T = \alpha f(x) + \beta g(y)$$

可以发现，其可定义 $f(x)$ 与 $g(y)$ 构成的二维平面坐标中的等发展线。在图 7–1 中，T1、T2、T3 分别代表发展水平由高水平向低水平的变化。每一条等发展线意味着系统在保持同等发展水平时，城镇化与循环经济存在替代关系，且符合边际替代率递减规律。

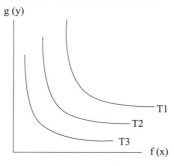

图 7–1 发展度解析

二、系统协调模型

为进一步描述京津冀地区城镇化与循环经济之间的关系，可利用偏离差系数 C_v 来衡量城镇化与循环经济两子系统的平均偏离程度，其值越小则表示两者的偏差越小。具体表达式如下所示：

$$C_v = \frac{2\sqrt{\dfrac{[f(x)-g(x)]^2}{2}}}{f(x)+g(x)}$$

当 $C_v = 0$ 时，则表示 $f(x) = g(x)$，此时两系统的综合得分恰好在原点出发的 45°线 $00'$ 上，如图 7-2 所示。而该线上方各点，均表示 $f(x) < g(y)$，其含义为相较于城镇化子系统，循环经济系统出现较大的偏移，反之亦然。从图 7-2 可以看出，位于线 $00'$ 上的点 D，其偏离差系数为 0，表示该点的协调度最优；位于该点正上方的点 C，表示相对于城镇化子系统，循环经济系统出现偏移，其偏移度可用线段 CD 表示；同理可知，位于该点正下方的 E 点，表示相对于循环经济子系统，城镇化系统出现偏移，其偏移度可用线段 DE 表示。

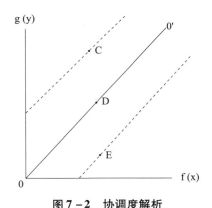

图 7-2　协调度解析

为了计量的便利性，本书令：

$$C_v = \sqrt{2(1-C)}$$

$$C = \frac{4f(x)g(x)}{[f(x)+g(x)]^2}$$

三、耦合模型

耦合表示了系统之间协调与发展的综合态势。一方面，仅强调发展的耦合可能会带来系统协调性的低下。如图 7 - 3 所示的 H、G 两点，两者位于同一条等发展线上，但是 H 点的协调度低于 G 点，即 H 点的城镇化与循环经济子系统存在一定程度的偏离，两系统配合缺乏效率。另一方面，仅关注协调的耦合可能会造成低发展的虚假协调。如图 7 - 3 所示的 F、G 两点，两者的协调度相同，都为 0，但是 F 点发展度远低于 G 点，即 F 点表示两子系统并未达到最佳的耦合搭配。

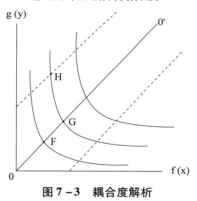

图 7 - 3　耦合度解析

表 7 - 1　　　　　　　　　耦合度的判别标准及划分类型

负向耦合（失调发展）		正向耦合（协调发展）	
D 值	类型	D 值	类型
0.00 ~ 0.09	极度失调衰退	0.50 ~ 0.59	勉强协调发展
0.10 ~ 0.19	严重失调衰退	0.60 ~ 0.69	初级协调发展
0.20 ~ 0.29	中度失调衰退	0.70 ~ 0.79	中级协调发展
0.30 ~ 0.39	轻度失调衰退	0.80 ~ 0.89	良好协调发展
0.40 ~ 0.49	濒临失调衰退	0.90 ~ 1.00	优质协调发展

根据以上分析，协调线与等发展线的交点形象描绘了系统的耦合水平，G 点的耦合水平高于 F 和 H 点。所以，系统耦合度的衡量是对系统

"发展"与"协调"两个维度的综合考量，本书界定的耦合度计算公式为：

$$D = \sqrt{C \times T}$$

其中，T 和 C 分别代表发展度与协调度，D 表示耦合度，判别标准如表 7 - 1 所示。

第八章 实证分析

（一） 数据预处理

测量数据在其采集与传输过程中，由于环境干扰或人为因素导致个别数据不切实际或丢失，所以在数据分析之前需要对缺失值及异常值进行处理，以恢复数据的客观性并保证将来得到更好的分析结果。

对于异常值的处理，本书采用非等置信概率的方法，若某测量值与平均值之差大于标准差的三倍，则取该地区在该项指标下前后两年的数据的均值予以代替。对于缺失值，类似于异常值的处理，本书也取该地区在该项指标下前后两年的数据的均值予以代替。

（二） 标准化处理

为消除各个指标不同数量级、量纲的影响，在分析数据之前需要对数据进行标准化处理。本书运用极差标准化法对原始数据进行标准化处理。其计算公式为：

正指标标准化：

$$x'_{ij} = \frac{x_{ij} - minX_{ij}}{maxX_{ij} - minX_{ij}}$$

负指标标准化：

$$x'_{ij} = \frac{maxX_{ij} - x_{ij}}{maxX_{ij} - minX_{ij}}$$

（三） 指标权重计算

目前量化赋权方法有许多，每一种计算方法都有其自身的优点与弊端。为了能减少每种方法带来的影响,本书同时采用了主观赋权法里的专家调查法及客观赋权法里的主成分分析法来确定各项指标在各子系统中的权重。

1. 主成分分析法

运用 SPSS 20.0 分析软件,依据主成分分析法的方差极大正交旋转原理,将标准化后的数据录入软件进行数据处理,计算相关系数矩阵、主成分特征值、累计方差贡献率以及旋转后的因子载荷。根据计算分析,对城镇化子系统提取三个主成分,累计贡献率为79%;对循环经济子系统提取两个主成分,累计贡献率为57%。具体如表8-1、表8-2所示。

表8-1　　　　　　　　城镇化子系统的主成分分析结果

成分	初始特征值			提取平方和载入		
	合计	方差的%	累积%	合计	方差的%	累积%
1	4.504	45.043	45.043	4.504	45.043	45.043
2	2.387	23.868	68.911	2.387	23.868	68.911
3	1.022	10.218	79.13	1.022	10.218	79.13

表8-2　　　　　　　　循环经济子系统的主成分分析结果

成分	初始特征值			提取平方和载入		
	合计	方的%	累积%	合计	方的%	累积%
1	2.182	36.365	36.365	2.182	36.365	36.365
2	1.249	20.809	57.175	1.249	20.809	57.174

利用 SPSS 20.0 软件分析得出的因子荷载阵初始解的每一列值,分别除以相对应主成分的特征值的平方根,得到线性组合中的系数。该系数值与相对应的主成分方差贡献率加权求和,得到综合模型中的系数。再计算各系数在总数 1 所占的比重,得到指标权重。具体如表8-3、表8-4所示。

表 8 – 3　　　　　　　　城镇化子系统的主成分分析权重

指标类别	指标名称	权重
指标权重	城市人口密度	0.146314
	第二产业就业比重	0.122705
	第三产业就业比重	0.12633
	人均地区生产总值	0.111391
	人均规模以上工业产值	0.129515
	地区生产总值增长率	0.078965
	人均科学技术支出	0.146603
	人均教育支出	0.138176

表 8 – 4　　　　　　　　循环经济子系统的主成分分析权重

指标类别	指标名称	权重
指标权重	单位工业生产总值废水排放量	0.164358
	单位工业生产总值二氧化硫产生量	0.199464
	单位工业生产总值烟尘排放量	0.187063
	固体废物综合利用率	0.125139
	污水处理厂集中处理率	0.164327
	生活垃圾无害化处理率	0.159648

2. 专家调查法

通过德尔菲专家调查法，收集了三位专家主观确定的各项指标的打分，在此基础上，计算出每项指标的权重值，结果如表 8 – 5、表 8 – 6 所示。

表 8 – 5　　　　　　　　城镇化子系统的专家打分权重

指标类别	指标名称	权重
指标权重	城市人口密度	0.10101
	第二产业就业比重	0.121212
	第三产业就业比重	0.131313
	人均地区生产总值	0.141414
	人均规模以上工业产值	0.121212
	地区生产总值增长率	0.131313
	人均科学技术支出	0.121212
	人均教育支出	0.131313

表 8－6　　　　　　　　循环经济子系统的专家打分权重

指标类别	指标名称	权重
指标权重	单位工业生产总值废水排放量	0.154762
	单位工业生产总值二氧化硫产生量	0.166667
	单位工业生产总值烟尘排放量	0.166667
	固体废物综合利用率	0.178571
	污水处理厂集中处理率	0.166667
	生活垃圾无害化处理率	0.166667

综合上述两种方法所取得的权重，求其均值，得到最终的权重值如表 8－7、表 8－8 所示。

表 8－7　　　　　　　　城镇化子系统的综合权重

指标类别	指标名称	权重
指标权重	城市人口密度	0.123662
	第二产业就业比重	0.121959
	第三产业就业比重	0.128822
	人均地区生产总值	0.126403
	人均规模以上工业产值	0.125364
	地区生产总值增长率	0.105139
	人均科学技术支出	0.133907
	人均教育支出	0.134745

表 8－8　　　　　　　　循环经济子系统的综合权重

指标类别	指标名称	权重
指标权重	单位工业生产总值废水排放量	0.15956
	单位工业生产总值二氧化硫产生量	0.183065
	单位工业生产总值烟尘排放量	0.176865
	固体废物综合利用率	0.151855
	污水处理厂集中处理率	0.165497
	生活垃圾无害化处理率	0.163157

从表8-7与表8-8显示的权重值来看，各项指标在其子系统中所占的比重基本相等，贡献较为均衡。相对而言，在城镇化子系统中，人均科学技术与教育支出所占的权重较大，分别约为 0.133 和 0.135。这说明一个地区的城镇化水平与教育行业的投入高低关系十分紧密，这个结果也符合京津冀地区的实际情况和城镇化发展策略。在循环经济子系统中，单位工业生产总值二氧化硫产生量和烟尘排放量所占权重较大，约为 0.183 和 0.177，说明这两项负向指标对循环经济发展造成了较大的影响。

（四）指标得分计算与分析

对经过标准化的数据及与之相对应的权重加权求和，可以得到京津冀地区包括北京、天津两个直辖市以及 11 个地级市城镇化与循环经济两系统的发展水平，并分别用城镇化综合指数与循环经济综合指数表示。如表8-9及图8-1~图8-3所示。

表 8-9　　　　　　　　　城镇化综合指数

地区	2006 年	2007 年	2008 年	2009 年	2010 年	2011 年	2012 年	2013 年	2014 年	2015 年
A 市	0.49	0.56	0.56	0.59	0.63	0.64	0.67	0.76	0.74	0.76
B 市	0.45	0.49	0.51	0.53	0.56	0.59	0.61	0.67	0.65	0.65
C 市	0.37	0.39	0.38	0.39	0.40	0.42	0.42	0.41	0.43	0.44
D 市	0.35	0.36	0.36	0.36	0.37	0.39	0.40	0.36	0.37	0.38
E 市	0.26	0.27	0.27	0.26	0.27	0.29	0.28	0.23	0.26	0.27
F 市	0.40	0.40	0.40	0.40	0.42	0.42	0.43	0.37	0.41	0.42
G 市	0.33	0.33	0.32	0.33	0.34	0.35	0.34	0.32	0.33	0.34
H 市	0.36	0.37	0.37	0.37	0.40	0.40	0.39	0.39	0.38	0.38
I 市	0.24	0.23	0.24	0.23	0.25	0.25	0.25	0.23	0.23	0.24
J 市	0.25	0.25	0.24	0.24	0.25	0.25	0.25	0.25	0.24	0.23
K 市	0.34	0.33	0.34	0.33	0.35	0.36	0.36	0.34	0.35	0.36
L 市	0.33	0.34	0.33	0.33	0.33	0.33	0.35	0.34	0.35	0.38
M 市	0.26	0.24	0.28	0.28	0.30	0.31	0.30	0.28	0.29	0.30

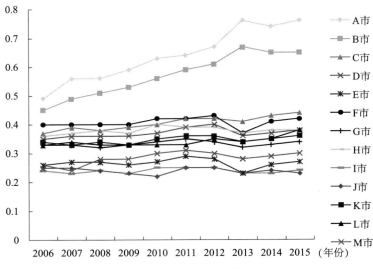

图 8 - 1　城镇化综合指数趋势

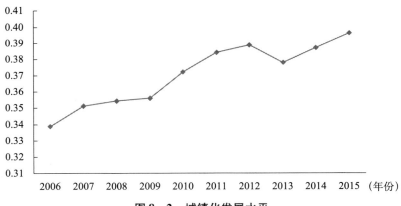

图 8 - 2　城镇化发展水平

从表 8 - 9 及图 8 - 1 ~ 图 8 - 3 中京津冀地区 2006—2015 年的十年城镇化发展数据，可以看出：①10 年来京津冀地区城镇化总体水平基本上是呈现上升趋势；②A 市和 B 市的城镇化水平远高于京津冀其他地区，说明这两个地区在人口、经济、社会城镇化方面做得比较好；③从京津冀地区的时序均值来看，2006 年整个地区的城镇化综合得分为 0.34，到 2015 年该值达到了 0.40，十年间的年均增长率为 1.58%，增长率较为可观；

④观察十年里各地级市的城镇化综合得分，发现 A 市的综合得分最高，达
0.64；中位数是 K 市，为 0.35；最低值为 J 市，仅为 0.24。最高值与最
低值之间差距较大，达到 169%，说明地区之间发展不平衡（见表 8 - 10
及图 8 - 4 ~ 图 8 - 6）。

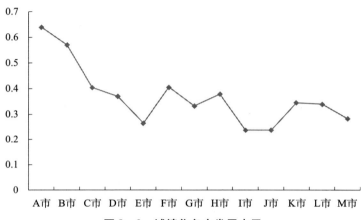

图 8 - 3　城镇化各市发展水平

表 8 - 10　　　　　　　　　循环经济综合指数

地区	2006 年	2007 年	2008 年	2009 年	2010 年	2011 年	2012 年	2013 年	2014 年	2015 年
A 市	0.86	0.82	0.83	0.84	0.84	0.84	0.86	0.88	0.89	0.89
B 市	0.70	0.85	0.86	0.87	0.88	0.85	0.89	0.90	0.92	0.92
C 市	0.75	0.76	0.81	0.84	0.88	0.77	0.79	0.83	0.76	0.88
D 市	0.60	0.73	0.80	0.84	0.87	0.81	0.83	0.86	0.81	0.85
E 市	0.75	0.79	0.82	0.81	0.80	0.60	0.75	0.77	0.82	0.62
F 市	0.61	0.70	0.82	0.84	0.88	0.83	0.82	0.87	0.71	0.87
G 市	0.58	0.71	0.76	0.79	0.82	0.69	0.74	0.82	0.75	0.85
H 市	0.65	0.68	0.78	0.80	0.81	0.80	0.78	0.83	0.56	0.85
I 市	0.37	0.47	0.56	0.57	0.68	0.63	0.67	0.72	0.66	0.77
J 市	0.57	0.64	0.60	0.70	0.71	0.71	0.72	0.73	0.71	0.76
K 市	0.75	0.77	0.84	0.84	0.88	0.85	0.82	0.88	0.81	0.92
L 市	0.77	0.82	0.85	0.86	0.87	0.72	0.81	0.82	0.71	0.85
M 市	0.52	0.71	0.73	0.71	0.79	0.66	0.70	0.81	0.72	0.84

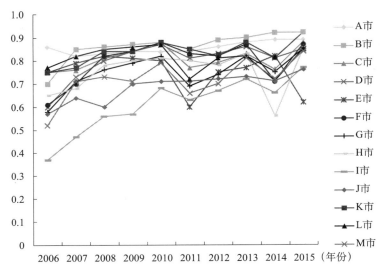

图 8 - 4　循环经济综合指数趋势

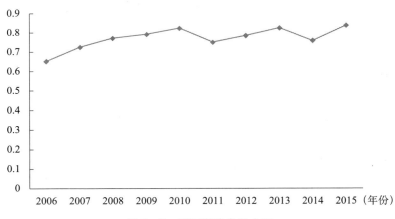

图 8 - 5　循环经济发展水平

根据表 8 - 10 及图 8 - 4 ~ 图 8 - 6 京津冀地区 2006—2015 年的循环经济的分析,可以看出:①10 年来京津冀地区循环经济总体水平基本上是呈现上升趋势。2011 年的 E 市与 2014 年的 H 市突然出现得分下降的情况。根据年鉴数据,可以发现 2011 年 E 市得分低的原因在于其单位工业生产总值二氧化硫产生量突然暴增,达到 0.038 吨/万元;H 市循环经济得分突减的原因在于污水处理厂集中处理率在该年异常低，仅为 31.4%。②不同地区十年里的循环经济综合得分的分布情况差异较小，其中只有 I 市的均值明显低于其他地区。③从京津冀地区的时序均值来看，2006 年整个地区的循环经济综合得分为 0.65，到 2015 年该值达到了 0.84，10 年间的年均增长率为 2.60%，增长率较为可观。④观察 10 年里各地级市的循环经济综合得分，发现 A 市与 B 市的综合得分最高，稍高于 0.85；中位数是 F 市，为 0.79；最低值为 I 市，仅为 0.61。最高值与最低值之间差距稍大，为 42%。

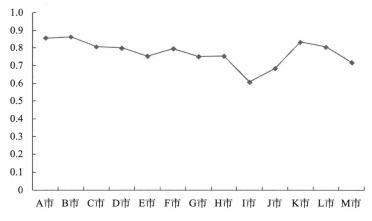

图 8-6　循环经济各市发展水平

（五）　耦合协调度模型

耦合度由发展度与协调度这两个维度来表征。关于发展度的计算，本书假定城镇化与循环经济对于总系统的贡献度与重要性相等，故 $\alpha = \beta = \frac{1}{2}$，然后将上述计算得出的城镇化与循环经济两个子系统的综合得分代入式 3-1 中，可得出发展度值。与之类似，协调度的计算是将上述计算得出的城镇化与循环经济两个子系统的综合得分代入式 3-4 中，得出协调度值。最后，把所得发展度值与协调度值代入式 3-5 中，得出最终的耦合度，结果如图 8-7 所示：

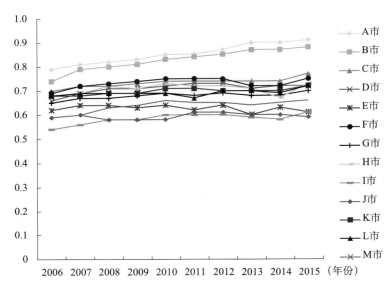

图 8 - 7   耦合度得分趋势

表 8 - 11   耦合度得分值

地区	2006 年	2007 年	2008 年	2009 年	2010 年	2011 年	2012 年	2013 年	2014 年	2015 年
北京市	0.79	0.81	0.82	0.83	0.85	0.85	0.87	0.90	0.90	0.91
天津市	0.74	0.79	0.80	0.81	0.83	0.84	0.85	0.87	0.87	0.88
石家庄市	0.70	0.72	0.72	0.73	0.74	0.74	0.74	0.74	0.74	0.77
唐山市	0.66	0.69	0.71	0.71	0.72	0.73	0.73	0.71	0.72	0.72
秦皇岛市	0.62	0.64	0.64	0.63	0.64	0.62	0.64	0.60	0.63	0.61
邯郸市	0.69	0.72	0.73	0.74	0.75	0.75	0.75	0.72	0.72	0.75
邢台市	0.65	0.67	0.67	0.68	0.69	0.68	0.69	0.68	0.68	0.70
保定市	0.68	0.69	0.72	0.71	0.73	0.72	0.72	0.71	0.67	0.73
张家口市	0.54	0.56	0.58	0.58	0.60	0.60	0.60	0.59	0.58	0.61
承德市	0.59	0.60	0.58	0.58	0.58	0.61	0.61	0.60	0.60	0.59
沧州市	0.68	0.68	0.69	0.69	0.71	0.71	0.70	0.70	0.70	0.72
廊坊市	0.68	0.69	0.69	0.69	0.69	0.67	0.70	0.70	0.69	0.72
衡水市	0.59	0.60	0.63	0.64	0.66	0.65	0.65	0.64	0.65	0.66

　　根据耦合度等级划分，观察以上图表的数据，可以看出当城镇化与循环经济子系统的综合得分都较高时，才能得到比较好的耦合度值，只关注于其中一个子系统，必然会导致不协调的现象。

从总体来看,大部分年份的地区两系统的耦合度都在初级协调区,少部分地区的耦合度处于良好协调区与勉强协调区。并且,随着时间的推移,各地区的耦合度呈现逐步增长的趋势。但是从具体的耦合值来看,大部分地区的发展是从初级协调发展转变为中级协调发展,耦合发展的程度还相对较低。所有数据中,A 市在 2015 年的耦合度最高,达 0.91,属于优质协调发展;I 市在 2006 年的耦合度最低,为 0.54,属于勉强协调发展区。

从各个地区的时序均值看,与上述规律一致,其显示为京津冀地区的耦合度从 2006 年的 0.66 增加到 2010 年的 0.71,直至 2015 年的 0.72,前四年的年均增长率为 1.14%,后五年的年均增长率达 0.36%。由此可知,该地区的耦合度呈现增长的态势,增长速度表现为前期快,后期慢。

再从各地区 10 年来的耦合度均值观察,发现 A 市的耦合度值最高,为 0.85,I 市的耦合度最低,为 0.58,二者之间相差 46%,差距较大。中位数 K 市的耦合度也仅为 0.70,所以京津冀地区协调发展的程度并不均衡。在这 13 个地区的耦合度均值里,只有 A 市和 B 市属于勉强协调发展;C 市、D 市、E 市和 F 市属于中级协调发展;K 市、L 市、G 市、M 市和 E 市属于初级协调发展;J 市以及 I 市得分最低,属于勉强协调发展。

第四篇　京津冀城镇化与循环经济协同发展评价研究

第九章　模糊 TOPSIS 方法

一、三角模糊数相关概念

首先，介绍有关模糊数及模糊集的相关概念及定义：

定义 1：设 $\tilde{a} = (a_1, a_2, a_3)$ 和 $\tilde{b} = (b_1, b_2, b_3)$ 为两个三角模糊数，则两个三角模糊数的距离函数 $(\tilde{a}, \tilde{b})$ 可被定义为：

$$d(\tilde{a}, \tilde{b}) = \sqrt{\frac{1}{3}\left[(a_1 - b_1)^2 + (a_2 - b_2)^2 + (a_3 - b_3)^2\right]}$$

定义 2：设 $\tilde{a}$ 为三角模糊数，则 α 截集可定义为：

$$\tilde{a}_\alpha = \left[(a_2 - a_1)\,\alpha + a_1,\ a_2,\ a_3 - (a_3 - a_2)\,\alpha\right]$$

定义 3：设 $\tilde{a} = (a_1, a_2, a_3)$，$\tilde{b} = (b_1, b_2, b_3)$ 为两个三角模糊数，则 $\tilde{a}_\alpha$，$\tilde{b}_\alpha$ 为 $\tilde{a}$ 和 $\tilde{b}$ 的 α 截集，则：

$$\frac{\tilde{a}_\alpha}{\tilde{b}_\alpha} = \left[\frac{(a_2 - a_1)\,\alpha + a_1}{-(b_3 - b_2)\,\alpha + b_3},\ \frac{-(a_3 - a_2)\,\alpha + a_3}{(b_2 - b_1)\,\alpha + b_1}\right]$$

当 $\alpha = 0$，$\dfrac{\tilde{a}_0}{\tilde{b}_0} = \left[\dfrac{a_1}{b_3},\ \dfrac{a_3}{b_1}\right]$

当 $\alpha = 1$，$\dfrac{\tilde{a}_1}{\tilde{b}_1} = \left[\dfrac{(a_2 - a_1) + a_1}{-(b_3 - b_2) + b_3},\ \dfrac{-(a_3 - a_2) + a_3}{(b_2 - b_1) + b_1}\right]$

$$\frac{\tilde{a}_1}{\tilde{b}_1} = \left[\frac{a_2}{b_2},\ \frac{a_2}{b_2}\right]$$

那么，$\tilde{a}/\tilde{b}$ 的相似度为：

$$\frac{\tilde{a}}{\tilde{b}} = \left[\frac{a_1}{b_3}, \frac{a_2}{b_2}, \frac{a_3}{b_1} \right]$$

$$\tilde{a} \times \tilde{b} = （a_1 \times b_1, a_2 \times b_2, a_3 \times b_3）$$

$$\tilde{a} + \tilde{b} = （a_1 + b_1, a_2 + b_2, a_3 + b_3）$$

根据三角模糊数的概念可以看出，三角模糊数具有很强的区间性，因此本书主要运用的是三角模糊数进行专家的打分，因为专家有三位，同时每个专家的意见不尽相同，所以对指标的属性打的分值会有一个上下限值，刚好符合三角模糊数的概念，因此用三角模糊数打分，会使分值更加确切的反映意见的本身，具有可靠性。

二、三角模糊数语言评价集

一般来讲，用以度量被评价对象性能的各种评价指标都具有一定的模糊性。语言型模糊评价采用带语言变量的评价值来度量指标性能，这些语言评价值取于用户定义的语言值评价集合。三角模糊数是将模糊的不确定的语言变量转化确定数值的一种方法，将三角模糊数用在评价方法中能很好地解决被评价对象性能无法准确度量而只能用自然语言进行模糊评价的矛盾。评价语言集及其对应的三角模糊数如表 9 - 1 及图 9 - 1 所示：

表 9 - 1　　　　　　评价语言集及其对应的三角模糊数

评价语言变量	评判标度	三角模糊数
很差/很低（VL）	0	（0.00，0.10，0.25）
差/低（L）	0.25	（0.15，0.30，0.45）
一般（M）	0.5	（0.35，0.50，0.65）
好/较高（H）	0.75	（0.55，0.70，0.85）
很好/很高（VH）	1	（0.75，0.90，1.00）

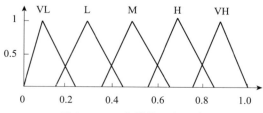

图 9 - 1　三角模糊函数示意

三、模糊 TOPSIS 方法

多属性决策问题可用以下矩阵表示：

$$
\begin{array}{c}
\quad\quad C_1 \quad C_2 \quad C_3 \quad \cdots \quad C_n \\
\begin{array}{c} A_1 \\ A_2 \\ A_3 \\ \vdots \\ A_n \end{array}
\begin{bmatrix}
\tilde{x}_{11} & \tilde{x}_{12} & \tilde{x}_{13} & \cdots & \tilde{x}_{1n} \\
\tilde{x}_{21} & \tilde{x}_{22} & \tilde{x}_{23} & \cdots & \tilde{x}_{2n} \\
\tilde{x}_{31} & \tilde{x}_{32} & \tilde{x}_{33} & \cdots & \tilde{x}_{3n} \\
\vdots & & & & \\
\tilde{x}_{n1} & \tilde{x}_{n2} & \tilde{x}_{n3} & \cdots & \tilde{x}_{nn}
\end{bmatrix}
\end{array}
$$

$$\widetilde{W} = \begin{bmatrix} \tilde{w}_1, & \tilde{w}_2, & \cdots, & \tilde{w}_n \end{bmatrix}$$

其中 x_{ij}，$i = 1, 2, \cdots, m$；$j = 1, 2, \cdots, n$ 和 $\tilde{w}_j$，$j = 1, 2, \cdots, n$ 的三角模糊数表示为 $\tilde{x}_{ij} = (a_{ij}, b_{ij}, c_{ij})$ 和 $\tilde{w}_j = (a_{j1}, b_{j2}, c_{j3})$。标准化后的矩阵为 $\widetilde{R} = \begin{bmatrix} \tilde{r}_{ij} \end{bmatrix}_{m \times n}$。

之后可得到考虑权重后的模糊标准化矩阵，设为：

$$
V = \begin{bmatrix}
\tilde{v}_{11} & \tilde{v}_{12} & \tilde{v}_{13} & \cdots & \tilde{v}_{1n} \\
\tilde{v}_{21} & \tilde{v}_{22} & \tilde{v}_{23} & \cdots & \tilde{v}_{2n} \\
\tilde{v}_{31} & \tilde{v}_{32} & \tilde{v}_{33} & \cdots & \tilde{v}_{3n} \\
\vdots & & & & \\
\tilde{v}_{n1} & \tilde{v}_{n2} & \tilde{v}_{n3} & \cdots & \tilde{v}_{nn}
\end{bmatrix}
$$

$$
= \begin{bmatrix}
\tilde{w}_1\tilde{r}_{11} & \tilde{w}_2\tilde{r}_{12} & \tilde{w}_3\tilde{r}_{13} & \cdots & \tilde{w}_n\tilde{r}_{1n} \\
\tilde{w}_1\tilde{r}_{21} & \tilde{w}_2\tilde{r}_{22} & \tilde{w}_3\tilde{r}_{23} & \cdots & \tilde{w}_n\tilde{r}_{2n} \\
\tilde{w}_1\tilde{r}_{31} & \tilde{w}_2\tilde{r}_{32} & \tilde{w}_3\tilde{r}_{33} & \cdots & \tilde{w}_n\tilde{r}_{3n} \\
\vdots & & & & \\
\tilde{w}_1\tilde{r}_{m1} & \tilde{w}_2\tilde{r}_{m2} & \tilde{w}_3\tilde{r}_{m3} & \cdots & \tilde{w}_n\tilde{r}_{mn}
\end{bmatrix}
$$

基于之前的模糊理论，模糊 TOPSIS 评价方法步骤如下：

步骤一：设定 x_{ij}，$i = 1, 2, \cdots, m$；$j = 1, 2, \cdots, n$ 为方案 i 的第 j 个属性值，$\tilde{w}_j$，$j = 1, 2, \cdots, n$ 为其权重。

步骤二：计算考虑权重后的模糊标准化矩阵 V。

步骤三：定义正的理想解（A^+）和负的理想解（A^-）：

$$A^+ = \{ \tilde{v}_1^+, \tilde{v}_2^+, \cdots, \tilde{v}_n^+ \}$$
$$= \{ (\max_i \tilde{v}_{ij} \mid i = 1, 2, \cdots, m), j = 1, 2, \cdots, n \}$$
$$A^- = \{ \tilde{v}_1^-, \tilde{v}_2^-, \cdots, \tilde{v}_n^- \}$$
$$= \{ (\min_i \tilde{v}_{ij} \mid i = 1, 2, \cdots, m), j = 1, 2, \cdots, n \}$$

考虑到 $\tilde{v}_{ij}$ 是经过正向化和标准化处理的，并且都属于 [0, 1] 区间，因此正的理想解和负的理想解可以定义为 $\tilde{v}_j^+ = (1, 1, 1)$ 和 $\tilde{v}_j^- = (0, 0, 0)$，$j = 1, 2, \cdots, n$。

步骤四：计算各个方案到正负理想解的距离：

$$d_i^+ = \frac{1}{n} \sum_{j=1}^{n} d(\tilde{v}_{ij}, \tilde{v}_j^+), \quad i = 1, 2, \cdots, m$$

$$d_i^- = \frac{1}{n} \sum_{j=1}^{n} d(\tilde{v}_{ij}, \tilde{v}_j^-), \quad i = 1, 2, \cdots, m$$

步骤五：计算各个方案到理想解的相对贴近度：

$$CC_i = \frac{d_i^-}{d_i^+ + d_i^-}$$

步骤六：根据 CC_i 值降序排列。从大到小的顺序进行排序表明方案的优差次序。最大的方案就表明其评价值是距离正的理想解近且距离负的理想解远，表明此方案最优。最小的方案就表明其评价值是距离正的理想解远且距离负的理想解近的，表明此方案最差。

第十章　京津冀城镇化与循环经济协同发展评价

一、评价指标体系建立

根据前文的数据分析，京津冀城镇化与循环经济协同发展评价指标体系包含京津冀城镇化相关指标和京津冀循环经济相关指标，共分为人口城市化、经济城市化、社会城市化、生态环境及资源循环利用五个准则层，共计18个具体的评价指标，其中人口城市化、经济城市化及社会城市化归属京津冀城镇化准则层，生态环境和资源循环利用归属京津冀循环经济准则层。具体指标如表10－1所示。

表10－1　　京津冀城镇化与循环经济协同发展评价指标体系

目标层	准则层	指标层
京津冀城镇化与循环经济协同发展评价	人口城市化	城市人口密度（C_1）
		第二产业就业比重（C_2）
		第三产业就业比重（C_3）
		登记失业人数（C_4）
	经济城市化	人均地区生产总值（C_5）
		规模以上工业产值（C_6）
		第三产业占GDP比重（C_7）
		地区生产总值增长率（C_8）
	社会城市化	人均科学技术支出（C_9）
		人均教育支出（C_{10}）
		每万人在校大学生（C_{11}）
		公园绿地面积（C_{12}）
	生态环境	工业废水排放量（C_{13}）
		工业二氧化硫产生量（C_{14}）
		工业烟尘排放量（C_{15}）

目标层	准则层	指标层
京津冀城镇化与循环经济协同 发展评价	资源循环利用	固体废物综合利用率（C_{16}） 污水处理厂集中处理率（C_{17}） 生活垃圾无害化处理率（C_{18}）

二、权重确定

本书邀请了三名专家对京津冀城镇化与循环经济评价指标权重评级，三名均为研究城市管理和低碳经济的管理学教授，评级共分为五个等级：VH（非常重要），H（较重要），M（一般重要），L（较不重要），VL（非常不重要）。三位专家最终确定的京津冀城镇化与循环经济协同发展评价指标权重如表 10-2 所示。

表 10-2　京津冀城镇化与循环经济协同发展评价指标权重打分表

指标	专家 1	专家 2	专家 3
C_1	M	H	M
C_2	VH	H	M
C_3	VH	H	H
C_4	H	H	H
C_5	H	VH	VH
C_6	H	VH	M
C_7	VH	H	H
C_8	VH	H	H
C_9	H	H	H
C_{10}	H	H	VH
C_{11}	M	M	M
C_{12}	M	M	H
C_{13}	VH	H	H
C_{14}	VH	H	VH
C_{15}	VH	VH	H
C_{16}	VH	VH	VH
C_{17}	VH	VH	H
C_{18}	VH	VH	H

由表 10-2 可以看出，三位专家都对循环经济相关指标给予了较高的权重，如 C_{16} 固体废物利用率（VH，VH，VH），其他的循环经济相关指标也都有两个 VH 的评级，因此，我国政府部门在发展城镇化的过程中要

十分关注循环经济的协同发展，不以牺牲环境为经济发展的代价。

三、基于模糊 TOPSIS 方法的综合评价

京津冀城镇化与循环经济协同发展评价指标原始资料来源于《中国城市年鉴》，按照以下公式先进行正向化处理：

正向数据：

$$r_{ij} = \frac{[x_{ij} - \min(x_{ij})]}{[\max(x_{ij}) - \min(x_{ij})]}$$

负向数据：

$$r_{ij} = \frac{[\max(x_{ij}) - x_{ij}]}{[\max(x_{ij}) - \min(x_{ij})]}$$

随后进行数据标准化处理（0 - 1 处理），可得到标准化决策矩阵，如表 10 - 3 所示。

表 10 - 3　京津冀城镇化与循环经济协同发展评价标准化决策矩阵

指标	A市	B市	C市	D市	E市	F市	G市	H市	I市	J市	K市	L市	M市
C1	0	0	1.00	1.00	0	0	1.00	1.00	0	0	1.00	1.00	1.00
C2	1.00	0.07	0.54	0.16	0.54	0.21	0.37	0	0.74	0.70	0.54	0.26	0.54
C3	1.00	0.07	0.55	0.10	0.54	0.20	0.37	0	0.71	0.68	0.51	0.26	0.54
C4	0.63	0	0.80	0.74	0.94	0.78	0.95	0.82	0.89	0.96	0.94	1.00	0.94
C5	0.98	1.00	0.32	0.65	0.20	0.11	0	0.06	0.08	0.17	0.25	0.36	0.04
C6	0.60	1.00	0.30	0.30	0	0.13	0.05	0.10	0	0.01	0.17	0.09	0.02
C7	1.00	0.60	0.51	0.37	0.58	0	0.42	0.40	0.46	0.37	0.44	0.53	0.43
C8	0.37	1.00	0.53	0.03	0	0.33	0.13	0.39	0.08	0.01	0.58	0.87	0.55
C9	1.00	0.55	0.03	0.03	0.01	0.01	0	0	0	0.01	0	0.03	0
C10	1.00	0.74	0.07	0.12	0.09	0	0	0.01	0.12	0.10	0.07	0.12	0
C11	0.82	0.95	0.75	0.20	1.00	0	0.01	0.19	0.19	0.11	0.03	0.60	0.01
C12	1.00	0.29	0.13	0.08	0.05	0.08	0.02	0.05	0.02	0.03	0	0.01	0
C13	0.63	0.15	0	0.49	0.71	0.77	0.48	0.54	0.84	1.00	0.63	0.85	0.85
C14	1.00	0.19	0.23	0	0.90	0.16	0.78	0.84	0.73	0.84	0.85	0.97	0.91
C15	1.00	0.97	0.96	0.75	0	0.90	0.95	0.99	0.99	1.00	0.98	0.98	1.00
C16	0.79	0.98	0.97	0.65	0.60	0.96	0.94	0.91	0.46	0	1.00	0.96	0.99
C17	0.82	0.99	0.93	0.93	0.94	0.96	0.95	0.73	0.92	0.88	1.00	0	0.71
C18	1.00	0.98	0.89	1.00	1.00	1.00	1.00	1.00	0.88	0.73	1.00	0	1.00

随后，根据前文的三角模糊函数对标准化决策矩阵中的数据进行处理，得到基于模糊语言变量的标准化决策矩阵，如表 10 - 4 所示。

表 10 - 4   基于模糊语言变量的标准化决策矩阵

指标	A市	B市	C市	D市	E市	F市	G市	H市	I市	J市	K市	L市	M市
C1	VL	VL	VH	VH	VL	VL	VH	VH	VL	VL	VH	VH	VH
C2	VH	VL	M	VL	M	L	L	VL	H	H	M	L	M
C3	VH	VLv	M	VL	M	L	L	VL	H	H	M	L	M
C4	H	VL	VH	H	VH	H	VH	VH	VH	VH	VH	VH	VH
C5	VH	VH	L	H	VL	VL	VL	VL	VL	VL	L	L	VL
C6	M	VH	L	L	VL	VL	VL	VL	VL	VL	VL	VL	VL
C7	VH	H	M	L	M	VL	M	M	M	L	M	M	M
C8	L	VH	M	VL	VL	L	VL	L	VL	VL	M	VH	M
C9	VH	M	VL	VL	VL	VL	VL	VL	VL	VL	VL	VL	VL
C10	VH	H	VL	VL	VL	VL	VL	VL	VL	VL	VL	VL	VL
C11	VH	VH	H	VL	VL	VL	VL	VL	VL	VL	VL	H	VL
C12	VH	L	VL	VL	VL	VL	VL	VL	VL	VL	VL	VL	VL
C13	H	VL	VL	M	H	H	M	M	VH	VH	H	VH	VH
C14	VH	VL	L	VL	VL	VL	VL	VH	H	VH	VH	VH	VH
C15	VH	VH	VH	H	VH	VH	VH	VH	VH	VH	VH	VH	VH
C16	H	VH	VH	VH	H	VH	VH	M	VH	VH	VH	VH	VH
C17	VH	VH	VH	VH	VH	VH	H	VH	VH	VH	VH	VL	H
C18	VH	VH	VH	VH	VH	VH	VH	VH	VH	H	VH	VL	VH

  根据前文专家赋予的权重和评价语言集对应的三角模糊数可得到考虑权重的三角模糊标准化决策矩阵，由于篇幅有限，表 10 - 5 列出了部分考虑权重的三角模糊标准化决策矩阵：

表 10 - 5   考虑权重的三角模糊标准化决策矩阵

地区	人口城市化				经济城市化		
单位	城市人口密度 （人/km²）	第二产业就业比重 （%）	第三产业就业比重 （%）	登记失业人数 （人）	人均地区生产总值 （元）	规模以上工业产值 （万元）	第三产业占GDP比重 （%）
A市	(0, 0, 0.3)	(0.7, 1, 1)	(0.7, 1, 1)	(0.5, 0.7, 1)	(0.7, 1, 1)	(0.3, 0.5, 0.7)	(0.7, 1, 1)
B市	(0, 0, 0.3)	(0, 0, 0.3)	(0, 0, 0.3)	(0, 0, 0.3)	(0.7, 1, 1)	(0.7, 1, 1)	(0.5, 0.7, 1)
C市	(0.7, 1, 1)	(0.3, 0.5, 0.7)	(0.3, 0.5, 0.7)	(0.7, 1, 1)	(0, 0.3, 0.5)	(0, 0.3, 0.5)	(0.3, 0.5, 0.7)
D市	(0.7, 1, 1)	(0, 0, 0.3)	(0, 0, 0.3)	(0.5, 0.7, 1)	(0.5, 0.7, 1)	(0, 0.3, 0.5)	(0, 0.3, 0.5)
E市	(0.3, 0.5, 0.7)	(0.3, 0.5, 0.7)	(0.7, 1, 1)	(0, 0, 0.3)	(0, 0, 0.3)	(0.3, 0.5, 0.7)
F市	(0, 0, 0.3)	(0, 0.3, 0.5)	(0, 0.3, 0.5)	(0.5, 0.7, 1)	(0, 0, 0.3)	(0, 0, 0.3)	(0, 0, 0.3)
G市	(0.7, 1, 1)	(0, 0.3, 0.5)	(0, 0.3, 0.5)	(0.7, 1, 1)	(0, 0, 0.3)	(0, 0, 0.3)	(0.3, 0.5, 0.7)
H市	(0.7, 1, 1)	(0, 0, 0.3)	(0, 0, 0.3)	(0.7, 1, 1)	(0, 0, 0.3)	(0, 0, 0.3)	(0.3, 0.5, 0.7)
I市	(0, 0, 0.3)	(0.5, 0.7, 1)	(0.5, 0.7, 1)	(0.7, 1, 1)	(0, 0, 0.3)	(0, 0, 0.3)	(0.3, 0.5, 0.7)
J市	(0, 0, 0.3)	(0.5, 0.7, 1)	(0.5, 0.7, 1)	(0.7, 1, 1)	(0, 0, 0.3)	(0, 0, 0.3)	(0, 0.3, 0.5)
K市	(0.7, 1, 1)	(0.3, 0.5, 0.7)	(0.3, 0.5, 0.7)	(0.7, 1, 1)	(0, 0.3, 0.5)	(0, 0, 0.3)	(0.3, 0.5, 0.7)
L市	(0.7, 1, 1)	(0, 0.3, 0.5)	(0, 0.3, 0.5)	(0.7, 1, 1)	(0, 0.3, 0.5)	(0, 0, 0.3)	(0.3, 0.5, 0.7)
M市	(0.7, 1, 1)	(0.3, 0.5, 0.7)	(0.3, 0.5, 0.7)	(0.7, 1, 1)	(0, 0, 0.3)	(0, 0, 0.3)	(0.3, 0.5, 0.7)

根据公式 $d_i^+ = \dfrac{1}{n}\sum\limits_{j=1}^{n} d\ (\tilde{v}_{ij},\ \tilde{v}_j^+)$，i = 1，2，…，m 和 $d_i^- = \dfrac{1}{n}\sum\limits_{j=1}^{n} d$ $(\tilde{v}_{ij},\ \tilde{v}_j^-)$，i = 1，2，…，m 可得到京津冀各地区指标值到正理想解和负理想解的距离，中间过程如表 10 – 6 和表 10 – 7 所示：

表 10 – 6　　　　　　　京津冀各地区指标值到正理想解距离

指标	A市	B市	C市	D市	E市	F市	G市	H市	I市	J市	K市	L市	M市
C1	0.483	0.483	0	0	0.483	0.483	0	0	0.483	0.483	0	0	0
C2	0	0.594	0.287	0.594	0.287	0.443	0.443	0.594	0.140	0.140	0.287	0.443	0.287
C3	0	0.655	0.317	0.655	0.317	0.490	0.490	0.655	0.153	0.153	0.317	0.490	0.317
C4	0.134	0.606	0	0.134	0	0.134	0	0	0	0	0	0	0
C5	0	0	0.530	0.172	0.706	0.706	0.706	0.706	0.706	0.706	0.530	0.530	0.706
C6	0.287	0	0.443	0.443	0.594	0.594	0.594	0.594	0.594	0.594	0.594	0.594	0.594
C7	0	0.153	0.317	0.490	0.317	0.655	0.317	0.317	0.317	0.490	0.317	0.317	0.317
C8	0.490	0	0.317	0.655	0.655	0.490	0.655	0.490	0.655	0.655	0.317	0	0.317
C9	0	0.290	0.606	0.606	0.606	0.606	0.606	0.606	0.606	0.606	0.606	0.606	0.606
C10	0	0.153	0.655	0.655	0.655	0.655	0.655	0.655	0.655	0.655	0.655	0.655	0.655
C11	0	0	0.093	0.422	0	0.422	0.422	0.422	0.422	0.422	0.422	0.093	0.422
C12	0	0.357	0.483	0.483	0.483	0.483	0.483	0.483	0.483	0.483	0.483	0.483	0.483
C13	0.153	0.655	0.655	0.317	0.153	0.153	0.317	0.317	0	0.153	0	0
C14	0	0.706	0.530	0.706	0	0.706	0.172	0	0.172	0	0	0	0
C15	0	0	0	0.172	0.706	0	0	0	0	0	0	0	0
C16	0.191	0	0	0.191	0.191	0	0	0	0.373	0.759	0	0	0
C17	0	0	0	0	0	0	0	0.172	0	0	0	0.706	0.172
C18	0	0	0	0	0	0	0	0	0	0.172	0	0.706	0

表 10 – 7　　　　　　　京津冀各地区指标值到理想解距离

指标	A市	B市	C市	D市	E市	F市	G市	H市	I市	J市	K市	L市	M市
C1	0	0	0.483	0.483	0	0	0.483	0.483	0	0	0.483	0.483	0.483
C2	0.594	0	0.309	0	0.309	0.164	0.164	0	0.491	0.491	0.309	0.164	0.309
C3	0.655	0	0.341	0	0.341	0.180	0.180	0	0.543	0.543	0.341	0.180	0.341
C4	0.514	0	0.606	0.514	0.606	0.514	0.606	0.606	0.606	0.606	0.606	0.606	0.606
C5	0.706	0.706	0.194	0.574	0	0	0	0	0	0	0.194	0.194	0
C6	0.309	0.594	0.164	0.164	0	0	0	0	0	0	0	0	0
C7	0.655	0.543	0.341	0.180	0.341	0	0.341	0.341	0.341	0.180	0.341	0.341	0.341

续表

指标	A市	B市	C市	D市	E市	F市	G市	H市	I市	J市	K市	L市	M市
C8	0.180	0.655	0.341	0	0	0.180	0	0.180	0	0	0.341	0.655	0.341
C9	0.606	0.319	0	0	0	0	0	0	0	0	0	0	0
C10	0.655	0.543	0	0	0	0	0	0	0	0	0	0	0
C11	0.422	0.422	0.358	0	0.422	0	0	0	0	0	0	0.358	0
C12	0.483	0.135	0	0	0	0	0	0	0	0	0	0	0
C13	0.543	0	0	0.341	0.543	0.543	0.341	0.341	0.655	0.655	0.543	0.655	0.655
C14	0.706	0	0.194	0	0.706	0	0.574	0.706	0.574	0.706	0.706	0.706	0.706
C15	0.706	0.706	0.706	0.574	0	0.706	0.706	0.706	0.706	0.706	0.706	0.706	0.706
C16	0.606	0.759	0.759	0.606	0.606	0.759	0.759	0.759	0.389	0	0.759	0.759	0.759
C17	0.706	0.706	0.706	0.706	0.706	0.706	0.706	0.574	0.706	0.706	0.706	0	0.574
C18	0.706	0.706	0.706	0.706	0.706	0.706	0.706	0.706	0.706	0.574	0.706	0	0.706

根据 CC_i 值降序排列表示京津冀各地区城镇化与循环经济协同发展的水平从综合评价较高到综合评价较低的排序，为了更直观图 10 - 1 给出了京津冀各地区城镇化与循环经济协同发展的评价结果。

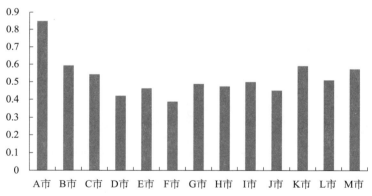

图 10 - 1　京津冀各地区城镇化与循环经济协同发展的评价结果

由表 10 - 8 及图 10 - 1 的结果显示：京津冀各地区的城镇化与循环经济协同发展水平差异较大，A 市（综合得分 0.849）明显优于其他地区，而 D 市、F 市两个城市综合得分最低，这两个城市都含有较丰富的矿产资源，是我国著名的煤炭和铁矿石产区，因此在前期的城市建设中重工业得到了快速发展，然而其循环经济发展水平相对较为落后，还有待于进一步提高。

表 10 - 8　　　　　　　　京津冀各地区到理想解的相对贴近度

地区	d +	d -	cci
A 市	0. 097	0. 542	0. 849
B 市	0. 259	0. 377	0. 594
C 市	0. 291	0. 345	0. 543
D 市	0. 372	0. 269	0. 420
E 市	0. 342	0. 294	0. 462
F 市	0. 390	0. 248	0. 388
G 市	0. 326	0. 309	0. 487
H 市	0. 334	0. 300	0. 473
I 市	0. 320	0. 318	0. 498
J 市	0. 351	0. 287	0. 450
K 市	0. 260	0. 375	0. 590
L 市	0. 312	0. 323	0. 508
M 市	0. 271	0. 363	0. 572

第五篇　京津冀地区城镇化与
　　　　　循环经济发展建议

第十一章　京津冀地区城镇化与循环经济发展建议

一、加快工业城市产业转型升级

京津冀地区工业城市众多，也包含传统的重工业城市。从之前各章的分析可以看到，近几年京津冀地区各城市生产总值增长率面临不同程度的下滑，其中工业城市的下滑幅度较大。出现这种情况与钢铁、煤炭市场深度调整、降能耗减排放、加强环境生态治理强度等因素有很大关系，可以说各工业城市正处于转型的阵痛期。因此，各城市更要注重经济的可持续发展，改变经济增长方式。

（一）　构建并完善创新体系

技术是制约工业企业转型升级的重要因素，创新是产业转型升级的根本动力，也是产业结构调整的最大助推器。要发挥企业的创新作用，让企业成为创新主体，强化企业技术创新能力建设。但目前来看，大多数地区的科研人员都集中在科研院所和高校，而且企业研发经费存在不足的问题。因此，可以建立相应的市场机制，鼓励企业为科研投入更多资金，推动自主性创新，并有效促进创新成果转化。此外，在京津冀协同发展大背景下，各地区应加强合作，整合创新资源，促进综合性的区域创新平台建设，并推动科技创新体系的共同建设。最大限度推动创新发展、实现创新成果共享。

（二） 加快培育战略性新兴产业

对于传统的重工业城市，一方面，要加大科技投入，促进传统产业调整升级力度；另一方面，要加快培育战略性新兴产业。京津冀地区很多工业城市正面临着产能过剩的问题，这就要求各城市压缩过剩的产能，降低能耗，淘汰落后的产业，加快技术改造和转型升级。与此同时，要培育先进制造、节能环保、新能源、新材料等新兴产业，着重发展知识技术密集、物质资源消耗少、成长潜力大、综合效益好的产业。强调绿色发展，构建可持续发展的产业体系。

（三） 产业发展和环境保护并重

京津冀地区对环境保护提出越来越高的要求，这对于地区可持续发展非常重要。但是，不能只注重环境保护而太过轻视当前的经济发展，要让环境保护和经济发展齐头并进。为此可以分阶段，有计划地科学治理环境污染，不要操之过急，忽视了产业和经济的现阶段发展。各地区要重视从源头防治污染，可以通过技术创新、节能改造使资源消耗和废物排放达到要求，并加快产业调整速度。

（四） 发挥政府的支持作用

首先，政府要加大财税金融等政策扶持力度，鼓励金融机构加大信贷支持。当地政府可以通过降低税收来鼓励支持企业的创新发展，设立战略性新兴产业发展专项资金为新兴产业资金提供保障。其次，在京津冀协同发展背景下，各地政府要加强区域调控、在区域要素整合方面加强统筹规划、建立协调机制，制定产业协同发展总体规划，促进三地产业协调发展。

（五） 注重京津冀地区产业协同发展

京津冀地区要形成分工明确的产业功能区，实现错位发展。各地可以根据京津冀协同发展规划，结合自身产业基础和特色，形成分工明确的产业功能区，形成错位发展的格局，而不是产业趋同。产业协同是产业结构差异化和市场分工的结果。一定程度的差异化有利于各地区产业之间实现跨地区互补，加强产业之间的关联程度，否则容易导致不同地区之间产业竞争大于协作，不利于区域间分工合作和协同发展。目前，从各地产业发展规划来看，北京市重点发展金融、科技、信息、文化等现代服务业及高精尖产业；天津市重点发展高端装备等先进制造业，大力发展航空航天、生物医药、节能环保等战略性新兴产业，加快发展金融、航运、物流等现代生产性服务业；河北则是要大力发展先进制造业、现代商贸物流等服务业和战略新兴产业，并且承接北京非首都功能转移和天津科技成果的转化。各地区要实现合理的产业梯度结构和分工。

（六）　提升配套服务体系的构建

随着产业的转型升级，会出现原有地区的配套及服务体系难以适应产业发展需要的问题，具体表现在配套设施不完善，服务不到位等。配套设施体系包括供水、供电、通信、轨道交通等，配套服务体系包括行政审批、金融服务等有关方面。以交通基础建设为例，一个城市的交通运输体系的发展状况会很大程度上影响产业发展。良好的交通运输功能会有效促进各地区人才、资金、技术的流动，优化资源有效配置，进而为一个地区的产业发展带来动力，因此要足够重视产业周边配套服务体系的建设。

二、提升中小城市对人才的吸引力

通过对京津冀地区人口密度的研究可以看到，北京、天津两座城市人口密度普遍高于河北省城市，而且人口密度增长速度也超过其他城市。与北京、天津两座城市相比，河北省对人才的吸引力略显不足。科学技术是第一生产力，科技创新关键在人才。近年来，我国实行"千人计划"来增强国家对人才的吸引力，取得明显成效。与北京市疏散人口的政策相反，河北省应加强对人才的吸引力。吸引与培养科技人才是河北省实现自身快速发展不可或缺的因素。

（一）　河北省应加强顶层设计，提升吸引与培养人才的协同效应

将人才资源放在主导产业的核心位置，形成相应的人才结构、产业结

构才能与城市的发展相适应，创新驱动才能发挥应有的效用。政府与市场协同，结合市场发展的优势，有效地利用各种资源，减少政府对人主体的干预，形成资源社会化、投资社会化、服务专业化的人才与产业结构。根据当地产业发展的方向，制定科学的人才吸引与培养机制。在现有人才培养的计划上，出台更加具有吸引力的政策，吸引科技人才向河北省移动。

（二） 帮助人才落脚安居，向人才传递河北省的善意

要实现创新驱动的发展战略，河北省应向科技人才传递整座城市的善意，让人才的潜力得到充分的发挥，呈现政府支持人才安居的想法。人才落脚安居，才能使其潜能发挥巨大的效力，才能打造人才高地。同时，应该根据各产业部门的划分，深入调查，建立城市人才数据库。根据数据库呈现出来的引才目录，面向全国甚至是全球招收相应人才。河北省可出台相关政策，吸引国际知名论坛、组织在河北省境内举办研讨会、国际会议，不断拓宽人才吸引渠道。

（三） 河北省应根据不同产业特定的需求，加快创新创业平台建设

创新驱动发展战略必须大力打造创新型、高端化、集群型的产业机制。根据当地城市人才短缺情况，通过多种渠道吸引人才，聚集各类优秀人才。增加科研经费的投入，实施人才聚集的众创空间建设。顶尖科学家更倾向于选择学术氛围浓重、整体科研水平高、行政干预少的科研机构。同时，科研经费相对容易获取也是吸引人才的关键因素。河北省可围绕产业发展的特点需要，给予特定的扶持与补助，促进众创空间的科学发展，吸引更多创新与科技人才的参与。

（四） 完善城镇生活功能，加强公共服务体系建设

完善城镇生活功能，尤其是完善公共服务建设。包括公共教育资源、公共医疗卫生资源、公共环境等方面，不要让公共服务功能的不完善成为阻碍地区吸引人才的因素。完善基础设施建设，提高硬实力。基础设施建设不仅对各地的经济发展具有重大影响，而且关系到当地人民群众的获得感、幸福感、安全感。随着生活水平的提升和城市化进程的加快，人们越

来越重视生活的舒适度，现代城市建设更要充分体现以人为本的理念。一个基础设施完善的城市，无疑会增大对人才的吸引力。因此，中小城市更要加快城市建设，将其建设成为宜居城市。

三、注重城镇化协调发展

京津冀城镇化的发展是一个复杂的、多层次的、动态的系统工程。在这个系统中人、产业、环境要相互协调，共同发展。理想城镇化的发展方式是重视该地区社会效益、经济效益、环境效益的共同作用，从而实现最大的效益。因此，应该做到以下几个方面。

（一）　人口城镇化与人口素质城镇化的协调发展

城镇化是由无数居民共同组成的一个系统，人是这个系统中不可或缺的因素，但是人口素质的高低却决定着这个系统今后发展的情况。就目前京津冀地区城镇化的发展过程中，片面追求城镇化的数量，而非发展水平。重视经济的发展水平，轻视人口素质发展必会导致城镇化发展不平衡的状况。因此，在推进城镇化的过程中，应注重"以人为本"的思想，注重城镇化的发展内涵，不应仅仅追求城镇化的发展数量与规模。

（二）　各地区城镇化协同发展

目前京津冀地区的城镇化发展速度逐步加快。但是从以上分析可以看出，京津冀地区不同城市城镇化发展水平有一定差异。各城市不平衡的发展状态不利于京津冀地区协同发展。另外，京津冀地区的人口总量也逐步增加，但是北京、天津两座超级城市容纳人口数量是有限的，大量人口涌入大城市，不仅使北京市的交通、环境、住宅等多方面陷入拥挤的状态，也使河北省其他城市的人才逐渐流失，这样不论是对北京市还是河北省的其他中小城市的发展都是不利的。因此，应加强人才向河北省移动，促进各地区城镇化的协同发展。

（三）　城镇化与生态环境的协调发展

从以上城镇化与经济发展协同评价得分可以看到，京津冀地区大部分城市得分都有待提高。城镇化是需要和生态环境放在一起统筹考虑的问题，只注重任何一方面都会对可持续发展产生不利影响。人口数量的急速增加，使得该地区的环境承载力超出其负荷能力，雾霾、沙尘、有害气体无不危害着人们的身体健康。因此，在制定城镇化的发展战略中，应充分意识到人口数量、人类活动对环境的影响。实现人与自然的和谐相处，促进经济水平进一步提高。

四、环境治理与经济发展并重

（一） 环境治理是循序渐进的过程

京津冀地区的污染治理需要以经济发展作为支撑，要兼顾经济发展的总体需求，环境污染是长期累积形成的，因此治理污染也非一时之效。更彻底地治理需要长期的、战略性的、循序渐进的投入。可以建立污染治理的长效机制，分行业逐步、逐个来治理，最终从根本上解决环境污染问题。在企业治理方面，尤其对于小微企业，可以实行引导支持的政策，避免"一刀切"而引发大量人口失业、企业生存困难等一系列问题。

（二） 完善生态治理补偿机制

京津冀地区对环境污染治理极其重视，但是目前来看，存在生态治理成本收益不对等的现象。尤其是河北省，环境污染治理对其来说代价太大，会为河北省经济发展带来压力。从以上分析中可以看到，北京、天津、河北省目前的经济发展还存在较大差距，河北省处于工业转型升级的阶段，对经济发展有较高的需求。但是，由于河北省的产业结构特征和生态屏障的重要地理位置，要求其为环境污染治理投入较大的资金、人力、物力，这对于河北省无疑是巨大的成本。虽然京津冀地区建立了跨区域生态补偿试点，但是与治理投入相比，生态补偿资金对河北省来说还较少。因此，应该根据市场运作科学计算补偿标准，减少河北省环境治理的压力，这对于防止京津冀地区间产生矛盾也具有重要意义。

（三）　合理调整各城市产业布局

京津冀地区工业城市众多，要避免产业布局重复的情况。首先，从本书分析中看到，废水排放、二氧化硫排放和烟尘排放多集中于河北省，这与河北省各城市产业布局相似有关。因此，各城市应根据发展规划、城市定位积极探索不相同的产业发展方式。此外，京津冀地区生态环境恶化主要是"高耗能、高污染"的重工业引起的，因此对于高污染、低效率的产业项目要严格限制，及时取缔散乱污的企业，淘汰落后产能。其次，企业要加大科技投入，引进先进技术，学习先进生产经验，加快企业的技术改造升级，实现企业的可持续发展。要大力倡导绿色循环生产模式，鼓励发展循环经济、绿色经济、鼓励使用清洁能源。最后，各地区要充分重视产业集群在发展循环经济中的重要作用。产业集群不仅可以使各企业联合起来，形成生产成本优势、市场竞争优势、区域营销优势等，还有利于环境统一管理、统一治理。各企业的聚集有利于提高资源的使用效率，一个企业的副产品或废弃物可以成为另一企业的生产原料，形成良性的资源循环链，能够降低废弃物产生量和处理成本。企业的集中使污染源集中，各企业可以加强合作、共享污染治理设备，降低污染治理成本，这有利于促进经济与环境保护协调发展。

（四）　加强地区沟通协作，实现区域共同治理

京津冀生态环境是一个大系统，各方相互制约相互影响，只有三地联合起来，共同防治、协同控制才能使区域环境实现质的改变。三地要联合建立健全有关规章制度，加大执法力度。关于环境保护方面的制度要上升到法律层面，不断完善有关大气污染、水污染、土壤污染等方面的法律法规，明确具体实施办法。加快完善联防联控合作机制，加强跨行政区划的大气、水和固体废弃物污染综合整治，推进区域生态水源保护林、风沙源治理等重大项目建设，构建环境信息共享平台。

（五）　增强国民环保意识，让公众积极参与环境建设

生态环境恶化关系到每个公民的生活，环境保护也是每个公民的责

任。可以把环境保护作为教育的一项重要任务，加大环境保护教育资金的投入。关于环保教育要从娃娃抓起，让孩子们从小树立起环境保护的意识。要对公众进行环保教育，积极宣传有关节约资源、保护环境方面的知识，让公民认识到资源的紧缺性、环保的迫切性。建立民间环保组织，开展各种环保活动，如学习垃圾分类、垃圾清理等，让保护环境成为每个公民的自觉行动。

五、科学制定发展规划

根据京津冀地区的地理优势，产业优势以及资源情况，制定与之相匹配的目标，把推动京津冀地区城镇化与循环经济的发展作为重中之重。党的十八大强调，要大力推行绿色发展、循环发展，形成节约资源、保护环境的新型发展方式。在推进城镇化的过程中，资金、技术、资源、人力都是不可或缺的因素。要在优化产业结构、促进经济增长的过程中形成"生态－经济－社会"的三维复合结构。因此，在推动京津冀城镇化的发展过程中，可从以下几个方面着手。

（一） 合理的利用生态资源

企业的生产活动离不开一定的资源消耗，经济可持续发展的核心是资源环境的可持续性发展，如果环境不能健康发展，那么经济的发展就会成为空谈。推进京津冀地区城镇化的发展过程中应注意使其与循环经济相适应。在资源的使用上，应开发新技术节约资源；对工业生产过程中产生废渣、废气、废水一定要经过相应处理再进行排放。只有每个企业都遵守相应的规则，才会是京津冀地区环境污染问题有所改善。另外，在资源的消费方面我们应做"理性的消费人"，使生产结构与消费结构相适应，实现人与自然的和谐相处。

（二） 走多样性的城市化道路

在推动城镇化的过程中，应综合考虑当地的实际情况，因地制宜地采取相应的政策。对于不同的市区应采取不同的战略，切忌"一刀切"的情况。对于已经形成产业特色的市区，应扶持其特色产业，比如唐山市的陶瓷业；而对于一些处在发展初期的小城镇，则应关注其人口产业的特征，并在此基础上进一步提升其质量。根据本书之前章节的分析，我们可以看到，在京津冀地区的发展过程中，第二产业的发展正缓步下降，而第三产业的发展正逐步上升，这对于城镇化发展具有积极促进作用。在推动当地城镇化的过程中，应符合国家经济发展的大形势，鼓励创新型企业的发展，支持创新创业。

（三）　各地区明确分工

北京要明确区分城市功能和作为首都的功能边界范围，明确首都功能建设重点，加快疏散北京非首都功能。其他城市更要对自己有明确清晰的定位，清晰认识到自身发展优势和不足。科学规划京津冀地区各城市的核心功能和非核心功能，使各城市分工明确。各级政府应根据各城市的功能定位，制定相关指导性、可操作性文件，为各城市分工、协作提供指导，促进区域要素流动，进而实现各城市的不同功能作用。

六、促进人才一体化建设

人才一体化发展，是实现京津冀协同发展战略目标的智力支持和重要保障。2017 年京津冀三地人才工作领导小组联合发布了《京津冀人才一体化发展规划（2017—2030 年)》，这是我国首个跨区域的人才规划，也是首个服务国家重大战略的人才专项规划。人才是稀缺的，是最重要的资源，人才的发展是长远的发展，要有清晰的人才发展规划，快推进京津冀人才一体化发展对于京津冀协同发展至关重要。

（一）　促进人才结构和产业结构相适应

京津冀区域不同地区产业结构不尽相同，因此，对于人才的需求结构也不相同。要注重培养与产业结构相适应的人才结构，为产业快速发展和转型升级注入动力。推动政府、高校、科研机构以及企业的合作，形成强大的研究、开发、生产一体化的运行系统，促进技术创新所需的各种生产要素的有效组合。由政府出台相关政策推动人才发展建设，为人才培养提供强有力的政策保证，为人才发展创造良好的宏观环境；企业以高校、科研机构的人才输出作为发展的动力，同时为高校、科研机构的研究和人才培养提供资源；高校和科研机构则是以社会需求为目标，为产业发展和转型升级培养高素质专业人才，使人才的培养与现代产业体系相互对接。

（二） 促进京津冀地区人才聚集与流动

加强京津冀地区人才的交流与合作，建立人才交流平台，推动知识、技术、管理等交流协作。项目研究、企业发展、产业升级等各个环节都需要人才团队共同参与才能完成任务，这个过程需要不同层次、不同方向、不同背景的人才全力合作，而人才聚集是实现全面合作的前提。因此各地要树立人才资源共享的理念，各地政府可以为人才聚集提供平台，打破地域行政区划的限制，充分促进区域人才的合理流动，实现各地区优势互补。

七、加强教育协同发展

百年大计、教育为本。教育是提高人民综合素质、促进人的全面发展的重要途径。教育肩负着培养多样化人才、传承技术技能、促进创新创业的重要使命，是社会兴旺发达的不竭动力。这里的教育不仅包括高等教育，而是融合了基础教育、职业教育、继续教育等多层次、全方位的教育概念。它在各地区城镇化、产业发展、经济提高等方面的作用不言而喻。从人均科技支出、人均教育支出、每百万大学生在校人数等指标都可以看到，京津冀地区各城市之间的教育资源、教育发展存在着不平衡的问题。而教育协同发展在京津冀协同发展之中起到基础性和先导性的重要作用，因此，要重视各地区教育的协同发展。

（一） 加强区域教育协同发展的顶层设计

国家和各地政府要站在更高的层面统筹考虑、整体规划，打破"一亩三分地"的思维方式。还要立足长远，尊重教育发展和区域发展规律，避免过分追求短期成效，要从国家战略和京津冀地区长期发展的角度考虑问题。各地政府要充分发挥引导作用，明确三地教育协同发展的战略目标，依照各地区实际情况，积极探索教育协同发展的新机制、新模式、新路径，而不是以单一模式促进教育协同。

（二）　合理配置、整合教育资源，促进教育要素的合理流动

针对当前教育资源分布不均衡的问题，各地区可以结合自身的发展规划和发展需要，调整各类院校的数量和布局。各地区要充分利用自身的优势，为其他地区的教育提供资源，优化教育资源配置，实现各地区优势互补。除此之外，还要促进各地区教育资源共享，搭建集资金、科技、人才等于一体的教育资源共享平台，为教育协同发展提供重要支撑。加强学校和地区之间、学校和学校之间深度合作。比如北京、天津教育资源丰富，学生资源、师资力量雄厚，而河北省可以为他们提供教育基地、企业实践基地，促进各地教育资源融合交流，也为河北省人才引进提供渠道。

（三）　政策制度作为保障

京津冀教育协同发展是一个创新探索，在探索的过程中必然需要制度的支撑和保障，健全的法律法规政策能为京津冀三地教育协同提供良好的运行环境，使教育协同工作有法可依。因此应完善相关政策制度、法律法规体系，一方面起到引导作用，另一方面为各地区教育合作提供重要保障，规范各地区教育合作活动。因为教育方面很多问题涉及中央层面，所以，首先中央政府要制定法律法规，充分协调各级政府之间的利益关系，各级政府和相关部门要在国家政策的指导下分别出台政策以保证教育协同能够稳定、健康、科学、合理的发展。

第十二章 近年来政策法规汇编

笔者整理近年来关于循环经济方面的政策法规，并按照法律、行政法规、部门规章、国务院和部门文件、规划、技术目录进行了分类整理，如表 12-1 所示。

表 12-1　　　　　　　　　近年来政策法规汇编

序号	文件名称	发布单位	发布时间
法律			
1	中华人民共和国环境影响评价法	全国人民代表大会	2019 年 1 月 11 日
2	中华人民共和国环境保护税法	全国人民代表大会	2018 年 11 月 14 日
3	中华人民共和国循环经济促进法	全国人民代表大会	2018 年 11 月 14 日
4	中华人民共和国节约能源法	全国人民代表大会	2018 年 11 月 14 日
5	中华人民共和国大气污染防治法	全国人民代表大会	2018 年 11 月 13 日
6	中华人民共和国土壤污染防治法	全国人民代表大会	2018 年 8 月 31 日
7	中华人民共和国水污染防治法	全国人民代表大会	2017 年 6 月 27 日
8	中华人民共和国环境保护税法	全国人民代表大会	2016 年 12 月 25 日
9	中华人民共和国海洋环境保护法	全国人民代表大会	2016 年 11 月 7 日
10	全国人民代表大会常务委员会关于修改《中华人民共和国节约能源法》等六部法律的决定	全国人民代表大会	2016 年 7 月 2 日
11	中华人民共和国环境保护法	全国人民代表大会	2014 年 4 月 25 日
12	循环经济促进法	全国人民代表大会	2008 年 8 月 29 日
13	清洁生产促进法	全国人民代表大会	2012 年 2 月 29 日
行政法规			
14	中华人民共和国自然保护区条例	国务院	2018 年 5 月 16 日
15	中华人民共和国环境保护税法实施条例	国务院	2017 年 12 月 30 日
16	关于修改《建设项目环境保护管理条例》的决定	国务院	2017 年 7 月 16 日
部门规章			
17	工矿用地土壤环境管理办法（试行）	生态环境部	2018 年 5 月 3 日
18	环境影响评价公众参与办法	生态环境部	2018 年 7 月 16 日
19	排污许可管理办法（试行）	环境保护部	2018 年 1 月 10 日

序号	文件名称	发布单位	发布时间
20	农业生态环境保护项目资金管理办法	农业部	2018 年 1 月 4 日
21	污染地块土壤环境管理办法（试行）	环境保护部	2016 年 12 月 31 日
22	清洁生产审核办法	国家发展改革委 环保部	2016 年 5 月 16 日
23	工业节能管理办法	工信部	2016 年 4 月 27 日
24	城镇污水垃圾处理设施建设中央预算内投资专项管理办法	国家发展改革委	2016 年 4 月 5 日
25	能源效率标识管理办法	国家发展改革委 国家质检总局	2016 年 2 月 29 日
26	节能监察办法	国家发展改革委	2016 年 1 月 15 日
27	国家"城市矿产"示范基地中期评估及终期验收管理办法和园区循环化改造示范试点中期评估及终期验收管理办法	国家发展改革委 财政部	2015 年 10 月 23 日
28	厨房废弃物资源化利用和无害化处理试点中期评估及终期验收管理办法	国家发展改革委 财政部 住建部	2015 年 10 月 23 日
29	节能低碳产品认证管理办法	国家质检总局 国家发展改革委	2015 年 9 月 17 日
30	国家循环经济教育示范基地管理办法	国家发展改革委 财政部 教育局 国家旅游局	2015 年 8 月 1 日
31	煤矸石综合利用管理办法	国家发展改革委 科技部 工信部等 10 部门	2014 年 12 月 22 日
32	政府购买服务管理办法（暂行）	财政部 民政部 工商总局	2014 年 12 月 15 日
33	重点流域水污染防治项目管理暂行办法	国家发展改革委	2014 年 1 月 14 日
34	节能低碳技术推广管理暂行办法	国家发展改革委	2014 年 1 月 6 日
国务院和部门文件（国务院）			
35	国务院办公厅关于印发"无废城市"建设试点工作方案的通知	国务院	2019 年 1 月 21 日
36	国务院办公厅关于开展生态环境保护法规、规章、规范性文件清理工作的通知	国务院	2018 年 9 月 18 日
37	国务院关于印发打赢蓝天保卫战三年行动计划的通知	国务院	2018 年 7 月 3 日
38	国务院办公厅关于加快推进畜禽养殖废弃物资源化利用的意见	国务院	2017 年 5 月 31 日
39	"十三五"节能减排综合工作方案	国务院	2017 年 5 月 20 日
40	生态文明建设目标评价考核办法	中共中央办公厅 国务院	2016 年 12 月 22 日
41	控制核污物排放许可制实施方案	国务院	2016 年 11 月 10 日
42	土壤污染防治行动计划	国务院	2016 年 5 月 28 日

序号	文件名称	发布单位	发布时间
43	健全生态保护补偿机制的意见	国务院	2016 年 5 月 13 日
44	关于加快推进生态文明建设的意见	中共中央办公厅 国务院	2015 年 4 月 25 日
45	水污染防治行动计划	国务院	2015 年 4 月 2 日
46	关于进一步推进排污权有偿使用和交易试点工作的指导意见	国务院	2014 年 8 月 6 日
47	2014—2015 年节能减排低碳发展行动方案	国务院	2014 年 5 月 15 日
48	关于支持福建省深入实施生态省战略加快生态文明先行示范区建设的若干意见	国务院	2014 年 4 月 9 日
国务院和部门文件（发展改革委）			
49	关于印发《国家节水行动方案》的通知	国家发展改革委水利部	2019 年 4 月 15 日
50	关于印发《清洁能源消纳行动计划（2018—2020 年）》的通知	国家发展改革委国家能源局	2018 年 10 月 30 日
51	关于创新和完善促进绿色发展价格机制的意见	国家发展改革委	2018 年 6 月 21 日
52	关于开展"十三五"城镇污水垃圾处理设施建设规划中期评估的通知	国家发展改革委 住房城乡建设部	2018 年 6 月 14 日
53	关于促进石化产业绿色发展的指导意见	国家发展改革委工业和信息化部	2017 年 12 月 5 日
54	关于开展大中型灌区农业节水综合示范工作的指导意见	国家发展改革委水利部	2017 年 11 月 23 日
55	关于开展 2017 年下半年循环经济各类示范点中后期监管工作的通知	国家发展改革委 财政部 住建部	2017 年 9 月 25 日
56	关于报送环境污染第三方治典型案例的通知	国家发展改革委	2017 年 5 月 4 日
57	循环发展引领行动	国家发展改革委 科技部 工业和信息化部 财政部等 14 部门	2017 年 4 月 21 日
58	关于组织开展国家重点节能技术和最佳节能实践征集和更新工作的通知	国家发展改革委	2017 年 4 月 14 日
59	关于开展 2017 年餐厨废弃物资源化利用和无害化处理试点城市终期验收和资金清算的通知	国家发展改革委 财政部 住建部	2017 年 3 月 13 日
60	关于开展 2017 年国家园区循环化改造示范点、"城市矿产"示范基地终期验收和资金清算的通知	国家发展改革委 财政部	2017 年 2 月 20 日
61	试行可再生能源绿色电力证书核发及自愿认购交易制度	国家发展改革委 财政部 能源局	2017 年 1 月 18 日
62	节能标准体系建设方案	国家发展改革委 国家标准委	2017 年 1 月 11 日
63	关于开展第三批国家低碳城市试点工作的通知	国家发展改革委	2017 年 1 月 7 日
64	循环经济发展评价指标体系（2017 年版）	国家发展改革委 财政部 环保部 国家统计局	2016 年 12 月 27 日

续表

序号	文件名称	发布单位	发布时间
65	发展循环经济工作部际联谊会议专家咨询委员会成员名单	国家发展改革委	2016 年 12 月 21 日
66	绿色发展指标体系、生态文明建设考核目标体系	国家发展改革委 中央组织部 环保部 统计局	2016 年 12 月 12 日
67	"十二五"各省（区市）节能目标完成情况	国家发展改革委	2016 年 11 月 27 日
68	关于发布电解锰等 5 项行业清洁生产评价指标体系的公告	国家发展改革委 环保部 工信部	2016 年 10 月 8 日
69	关于加快美丽特色小城镇建设的指导意见	国家发展改革委	2016 年 10 月 8 日
70	关于征求化学原料药等 9 个行业清洁生产评价指标体系（征求意见稿）意见的函	国家发展改革委	2016 年 9 月 28 日
71	关于同意农业清洁生产示范项目验收的通知	国家发展改革委 财政部 农业部	2016 年 6 月 12 日
72	关于开展餐厨废弃物资源化利用和无害化处理试点城市终期验收和资产清算的通知	国家发展改革委 财政部 住建部	2016 年 5 月 5 日
73	关于开展部分国家"城市矿产"示范基地终期验收和资产清算的通知	国家发展改革委 财政部	2016 年 5 月 4 日
74	关于印发国家循环经济试点示范典型经验的通知	国家发展改革委 财政部	2016 年 5 月 4 日
75	清洁生产评价指标体系制（修）订计划（第二批）2016 年第 8 号公告	国家发展改革委 环保部 工信部	2016 年 4 月 8 日
76	促进绿色消费的指导意见	国家发展改革委 财政部 中宣部 科技部 环保部等 10 部门	2016 年 2 月 17 日
77	关于加快发展农业循环经济的指导意见	国家发展改革委 农业局 国家林业局	2016 年 2 月 1 日
78	"互联网＋"绿色生态三年行动实施方案	国家发展改革委	2016 年 1 月 11 日
79	关于发布电池等 4 个行业清洁生产评价指标体系的公告	国家发展改革委 环保部 工信部	2015 年 12 月 31 日
80	关于发展第二批生态文明先行示范区建设的通知	国家发展改革委 科技部 财政部等 9 部门	2015 年 12 月 31 日
81	国家重点节能低碳技术推广目录（2015 年本，节能部分）	国家发展改革委	2015 年 12 月 30 日
82	中国和国际"十大节能技术和十大节能实践"	国家发展改革委	2015 年 12 月 16 日
83	国家重点推广的低碳技术目录（第二批）	国家发展改革委	2015 年 12 月 6 日
84	进一步加快推进农作物秸秆综合利用和焚烧工作	国家发展改革委 财政部 农业部 环保部	2015 年 11 月 16 日
85	平板玻璃等 5 个行业清洁生产评价指标体系	国家发展改革委 环保部 工信部	2015 年 10 月 28 日

序号	文件名称	发布单位	发布时间
86	关于开展循环经济示范城市（县）建设的通知	国家发展改革委 财政部 住建部	2015 年 9 月 22 日
87	关于征集清洁生产评价指标体系第二批编制计划的通知	国家发展改革委	2015 年 9 月 2 日
88	关于发布电力（燃煤发电企业）等三项清洁生产评价指标体系的公告	国家发展改革委 环保部 工信部	2015 年 4 月 15 日
89	2015 年循环经济推进计划	国家发展改革委	2015 年 4 月 14 日
90	废弃电器电子产品处理目录（2014 年版）	国家发展改革委 环保部 工信部 财政部 海关总署 税务总局	2015 年 2 月 9 日
91	重要资源循环利用工程（技术推广及装备产业化）实施方案	国家发展改革委 科技部 工信部 财政部 环保部 商务部	2014 年 12 月 31 日
92	能效"领跑者"制度实施方案	国家发展改革委 财政部 工信部 国管局 国家能源局 国家质检总局 国家标准委	2014 年 12 月 31 日
93	燃煤锅炉节能环保综合提升工程实施方案	国家发展改革委 财政部 工信部 国管局 国家能源局 国家质检总局 环保部	2014 年 10 月 29 日
94	重大是节能技术与装备产业化工程实施方案	国家发展改革委 工信部	2014 年 10 月 27 日
95	京津冀及周边地区秸秆综合利用和焚烧工作方案（2014—2015 年）	国家发展改革委 农业部 环保部	2014 年 9 月 30 日
96	清洁生产评价指标体系制（修）订计划（第一批）	国家发展改革委 环保部 工信部	2014 年 9 月 17 日
97	煤电节能减排升级与改造行动计划（2014—2020 年）	国家发展改革委 环保部 国家能源局	2014 年 9 月 12 日
98	重大环保装备与产品产业化工程实施方案	国家发展改革委 工信部 科技部 财政部 环保部	2014 年 9 月 9 日
99	关于开展生态文明先行示范区建设（第一批）的通知	国家发展改革委 财政部 农业部 国家林业局 水利部 国土资源部	2014 年 7 月 22 日
100	关于促进生产过程协同资源化处理城市及产业废弃物工作的意见	国家发展改革委 科技部 工信部 财政部 环保部 住建部 国家能源局	2014 年 5 月 6 日

续表

序号	文件名称	发布单位	发布时间
101	能源行业加强大气污染防治工作方案	国家发展改革委 环保部 国家能源局	2014 年 3 月 24 日
102	关于发布钢铁、水泥行业清洁生产评价指标体系的公告	国家发展改革委 环保部 工信部	2014 年 2 月 26 日
103	关于开展资源综合利用认定工作专项检查的通知	国家发展改革委	2014 年 2 月 14 日
国务院和部门文件（工信部）			
104	2019 年工业节能监察重点工作计划	工信部	2019 年 3 月 25 日
105	关于加快推进工业节能与绿色发展的通知	工信部	2019 年 3 月 19 日
106	关于推进金融支持县域工业绿色发展工作的通知	工信部	2018 年 11 月 20 日
107	关于加强长江经济带工业绿色发展的指导意见	工信部 发改委 科技部 财政部 环保部	2017 年 6 月 30 日
108	工业节能与绿色标准化行动计划（2017—2019 年）	工信部	2017 年 5 月 19 日
109	关于加强"十三五"信息通信业节能减排工作的指导意见	工信部	2017 年 4 月 19 日
110	关于推进再生资源产业发展的指导意见	工信部 商务部 科技部	2016 年 12 月 21 日
111	《环保装备制造行业（大气治理）规范条件》公告	工信部	2016 年 12 月 13 日
112	《废钢铁加工行业准入条件》（修订征求意见稿）等 2 个文件公示	工信部	2016 年 12 月 13 日
113	《再生铅行业规范条件》公告	工信部	2016 年 12 月 5 日
114	水污染防治重点行业清洁生产技术推行方案	工信部 环保部	2016 年 8 月 18 日
115	工业和通信业节能与综合利用领域标准制修订管理实施细则（暂行）	工信部	2016 年 6 月 7 日
116	关于开展 2016 年度节能机电设备（产品）推荐及"能效之星"产品评价工作的通知	工信部	2016 年 5 月 30 日
117	2016 年工业节能监察重点工作计划	工信部	2016 年 3 月 21 日
118	国家资源再生利用重大示范工程	工信部	2015 年 12 月 21 日
119	废塑料综合利用行业规范及废塑料综合利用行业规范条件公告管理暂行办法	工信部	2015 年 12 月 4 日
120	关于整顿以"资源综合利用"为名加工稀土矿产品违法违规行为的通知	工信部	2015 年 10 月 29 日
121	废矿物油综合利用行业规范条件（征求意见稿）	工信部	2015 年 10 月 28 日
122	京津冀及周边地区工业资源综合利用产业协同发展行动计划（2015—2017 年）	工信部	2015 年 7 月 3 日
123	关于开展国家资源再生利用重大示范工程建设的通知	工信部	2015 年 5 月 6 日
124	2015 年工业节能监察重点工作计划	工信部	2015 年 2 月 10 日
125	关于清理规范稀土资源回收利用项目的通知	工信部	2014 年 5 月 26 日

续表

序号	文件名称	发布单位	发布时间
126	关于加强工业节能监察工作的意见	工信部	2014 年 3 月 11 日
国务院和部门文件（环境保护部）			
127	关于推进环境污染第三方治理的实施意见	环保部	2017 年 8 月 9 日
128	固定污染源排污许可分类管理名录（2017 年版）	环保部	2017 年 7 月 28 日
129	国家生态文明建设示范区管理规程（试行）、国家生态文明建设示范县、市指标（试行）	环保部	2016 年 1 月 20 日
130	限制进口类可用作原料的固体废物环境保护管理规定	环保部	2015 年 11 月 17 日
131	建设项目环境影响评价分类管理目录	环保部	2015 年 4 月 9 日
132	国家生态文明建设示范村镇指标（试行）	环保部	2014 年 1 月 17 日
国务院和部门文件（农业部）			
133	关于进一步做好受污染耕地安全利用工作的通知	农业部 生态环境部	2019 年 4 月 3 日
134	关于印发《农业生态环境保护项目资金管理办法》的通知	农业部	2018 年 1 月 4 日
135	关于做好畜禽粪污资源化利用项目实施工作的通知	农业部 财政部	2017 年 6 月 14 日
136	东北地区秸秆处理行动方案	农业部	2017 年 5 月 16 日
137	实施农业绿色发展五大行动	农业部	2017 年 4 月 24 日
138	关于贯彻落实《土壤污染防治行动计划》的实施意见	农业部科技教育司	2017 年 3 月 6 日
139	2017 年畜禽养殖标准化示范创建活动工作方案	农业部	2017 年 1 月 20 日
140	农业综合开发区域生态循环农业项目指引（2017—2020 年）	农业部 国家农业综合开发办公室	2016 年 9 月 28 日
141	国家农业可持续发展试验示范区建设方案	农业部 国家发展改革委 科技部 财政部 国土资源部 环境保护部 水利部 林业局	2016 年 8 月 19 日
142	关于推进农业废弃物资源化利用试点的方案	农业部 国家发展改革委 财政部住房和城乡建设部 环境保护部 科学技术部	2016 年 8 月 11 日
143	关于开展农作物秸秆综合利用试点 促进耕地质量提升工作的通知	农业部 财政部	2016 年 5 月 30 日
144	畜牧业绿色发展示范县创建活动方案和考核办法	农业部	2016 年 4 月 13 日
145	关于开展农产品及加工副产物综合利用试点工作的通知	农业部	2015 年 9 月 28 日
146	关于开展农产品及加工副产物综合利用试点工作的通知——国家规范性文件	农业部	2015 年 9 月 24 日

续表

序号	文件名称	发布单位	发布时间
147	关于打好农业面源污染防治攻坚战的实施意见	农业部	2015 年 4 月 10 日
148	关于创建国家现代农业示范区的意见	农业部	2009 年 11 月 6 日
国务院和部门文件（交通部）			
149	关于修改《中华人民共和国船舶污染海洋环境应急防备和应急处置管理规定》的决定	交通部	2018 年 9 月 27 日
150	关于修改《中华人民共和国船舶及其有关作业活动污染海洋环境防治管理规定》的决定	交通部	2017 年 5 月 23 日
国务院和部门文件（科技部）			
151	关于印发 2014—2015 年节能减排科技专项行动方案的通知	科技部 工信部	2014 年 2 月 19 日
国务院和部门文件（住建部）			
152	关于印发城镇污水处理提质增效三年行动方案（2019—2021 年）的通知	住建部 生态环境部 国家发展改革委	2019 年 4 月 29 日
153	关于做好 2019 年全国城市节约用水宣传周工作的通知	住建部	2019 年 4 月 23 日
154	关于印发城市黑臭水体治理攻坚战实施方案的通知	住建部 生态环境部	2018 年 9 月 30 日
155	关于做好非正规垃圾堆放点排查和整治工作的通知	住建部 生态环境部 水利部 农业部	2018 年 6 月 1 日
156	关于印发《民用建筑能源资源消耗统计报表制度》的通知	住建部	2018 年 3 月 9 日
157	关于印发《国家节水型城市申报与考核办法》和《国家节水型城市考核标准》的通知	住建部	2018 年 2 月 13 日
158	钢铁工业资源综合利用设计规划	住建部	2017 年 5 月 27 日
国务院和部门文件（商务部）			
159	再生资源回收体系建设中长期规划（2015—2020 年）	商务部 国家发展改革委 国土资源部 住建部 中国全国供销总社	2015 年 1 月 21 日
规划、技术目录（规划）			
160	清洁能源消纳行动计划（2018—2020 年）	国家发展改革委 国家能源局	2018 年 10 月 30 日
161	洗染业清洁生产评价指标体系	国家发展和改革委员会 生态环境部 商务部	2018 年 12 月 29 日
162	淮河生态经济带发展规划	国家发展改革委	2018 年 11 月 2 日
163	洞庭湖水环境综合治理规划	国家发展改革委 自然资源部 生态环境部 住房城乡建设部 水利部 农业农村部 林草局	2018 年 12 月 3 日

序号	文件名称	发布单位	发布时间
164	淮河生态经济带发展规划	国家发展改革委	2018 年 11 月 2 日
165	关于印发丹江口库区及上游水污染防治和水土保持"十三五"规划的通知	国家发展改革委南水北调办 水利部 环境保护部 住房城乡建设部	2017 年 5 月 26 日
166	关于印发制革等 5 个行业清洁生产评价指标体系的公告	国家发展改革委 环保部 工信部	2017 年 7 月 24 日
167	"十三五"环境领域科技创新专项规划	科技部 环保部 住建部 林业局 气象局	2017 年 4 月 27 日
168	"十三五"应对气候变化科技创新专项规划	科技部 环保部 气象局	2017 年 4 月 27 日
169	重点流域农业面源污染综合治理示范工程建设规划 (2016—2020 年)	农业部	2017 年 3 月 24 日
170	国家重点节能低碳技术推广目录 (2017 年本低碳部分)	国家发展改革委	2017 年 3 月 17 日
171	"十三五"全国城镇生活垃圾无害化处理设施建设规划	国家发展改革委	2017 年 3 月 8 日
172	国家环境保护"十三五"环境与健康工作规划	环保部	2017 年 2 月 23 日
173	全国农村沼气发展"十三五"规划	国家发展改革委 农业部	2017 年 1 月 25 日
174	地热能开发利用"十三五"规划	国家发展改革委 能源局 国土资源部	2017 年 1 月 23 日
175	节水型社会建设"十三五"规划	国家发展改革委 住建部 水利部	2017 年 1 月 17 日
176	农业资源与生态环境保护工程规划 (2016—2020 年)	农业部	2017 年 1 月 9 日
177	"十三五"全国城镇生活垃圾无害化处理设施建设规划	国家发展改革委 住建部	2016 年 12 月 31 日
178	"十三五"全国城镇生污水处理及再生利用设施建设规划	国家发展改革委 住建部	2016 年 12 月 31 日
179	国家重点节能低碳技术推广目录 (2016 年本,节能部分)	国家发展改革委	2016 年 12 月 30 日
180	"十三五"生物产业发展规划	国家发展改革委	2016 年 12 月 20 日
181	可再生能源发展"十三五"规划	国家发展改革委	2016 年 12 月 10 日
182	"十三五"国家战略性新兴产业发展规划	国务院	2016 年 11 月 29 日
183	"十三五"生态环境保护规划	国务院	2016 年 11 月 24 日
184	长白山林区生态保护与经济转型规划 (2015—2024 年)	国家发展改革委 林业局	2015 年 8 月 28 日
185	全国农业可持续发展规划 (2015—2030 年)	国家发展改革委 农业部 科技部 财政部等 8 部门	2015 年 5 月 28 日

续表

序号	文件名称	发布单位	发布时间
186	全国生态保护与建设规划（2013—2020 年）	国家发展改革委 科技部 财政部 国土资源部等 12 部门	2014 年 2 月 8 日
187	青海三江源生态保护和建设二期工程规划	国家发展改革委	2014 年 1 月 8 日
规划、技术目录［技术（产品、设备）目录］			
188	鼓励进口服务目录	商务部 发展改革委 财政部 生态环境部 知识产权局	2019 年 4 月 10 日
189	进口废物管理目录（2017 年）	发展改革委 环保部 商务部 海关总署质检总局	2017 年 8 月 10 日
190	关于组织修订国家鼓励发展的重大环保技术装备目录（2014 年版）的通知	工信部 科技部	2017 年 4 月 20 日
191	通信行业节能技术指导目录（第二批）公告	工信部	2016 年 8 月 8 日
192	废弃电器电子产品处理目录（2014 年版）释义	国家发展改革委 环保部 工信部 财政部 海关总署 国家税务总局	2016 年 4 月 25 日
193	关于修改《产业结构调整指导目录（2011 年本）》有关条款的决定	国家发展改革委	2016 年 3 月 25 日
194	节水治污水生态修复先进适用技术指导目录	科技部 环保部 住建部 水利部	2015 年 11 月 3 日
195	海水淡化与综合利用关键技术和装备成果汇编	科技部 国家海洋局	2015 年 11 月 2 日
196	农业废弃物（秸秆、粪便）综合利用技术成果汇编	科技部 农业部	2015 年 10 月 9 日
197	资源综合利用产品和劳务增值税优惠目录	财政部 国家税务总局	2015 年 6 月 12 日
198	通信行业节能技术指导目录（第一批）	工信部	2015 年 1 月 22 日
199	秸秆综合利用技术目录（2014）	国家发展改革委 农业部	2014 年 11 月 24 日
200	大气污染防治先进技术汇编	科技部 环保部	2014 年 3 月 3 日
201	国家重点节能技术推广目录	国家发展改革委	2013 年 12 月 30 日

附 录 *

附表 1 　　　　　　　　2016 年京津冀地区人口城市化数据

地区	城市人口密度	第二产业就业比重	第三产业就业比重	登记失业人数
单位	人/平方千米	%	%	人
北京市	830.54	18.50	81.03	91 421
天津市	876.06	47.67	52.04	257 700
石家庄市	795.04	33.65	66.15	—
唐山市	564.13	46.04	51.95	67 327
秦皇岛市	381.95	34.06	65.81	21 562
邯郸市	874.43	46.68	53.10	261 180
邢台市	633.80	40.34	59.52	20 102
保定市	544.06	52.28	47.63	53 900
张家口市	127.73	26.52	72.28	39 522
承德市	97.05	30.86	68.08	19 146
沧州市	555.75	34.22	64.63	22 534
廊坊市	736.45	44.42	55.41	9 636
衡水市	516.17	33.65	65.96	23 078

附表 2 　　　　　　　　2015 年京津冀地区人口城市化数据

地区	城市人口密度	第二产业就业比重	第三产业就业比重	登记失业人数
单位	人/平方千米	%	%	人
北京市	819.57	19.43	80.07	91 593
天津市	861.79	51.34	48.48	229 810
石家庄市	788.14	35.01	64.79	53 409
唐山市	560.42	48.07	49.73	67 464
秦皇岛市	379.39	35.28	64.50	24 095
邯郸市	870.29	46.58	53.19	59 229
邢台市	627.36	41.08	58.76	20 654
保定市	541.81	53.60	46.28	50 019
张家口市	127.46	28.45	70.37	33 425
承德市	96.73	29.78	69.16	19 124
沧州市	551.48	35.21	63.63	23 694
廊坊市	722.34	44.65	55.16	10 200
衡水市	512.76	34.98	64.63	22 735

---

* 资料来源:《中国城市统计年鉴》。

附表3　　　　　　　　　　2014 年京津冀地区人口城市化数据

地区	城市人口密度	第二产业就业比重	第三产业就业比重	登记失业人数
单位	人/平方千米	%	%	人
北京市	812.50	21.16	78.14	74 272
天津市	853.12	55.28	44.55	225 236
石家庄市	781.85	35.97	63.83	53 409
唐山市	559.06	50.04	47.68	66 922
秦皇岛市	378.17	36.27	63.33	23 249
邯郸市	853.28	48.85	50.94	53 508
邢台市	621.64	42.51	57.31	20 852
保定市	539.37	52.87	47.01	47 966
张家口市	127.07	29.65	69.21	40 124
承德市	96.41	32.65	66.14	18 481
沧州市	547.47	36.95	61.60	23 594
廊坊市	705.75	47.87	51.88	10 346
衡水市	513.40	35.65	63.98	24 654

附表4　　　　　　　　　　2013 年京津冀地区人口城市化数据

地区	城市人口密度	第二产业就业比重	第三产业就业比重	登记失业人数
单位	人/平方千米	%	%	人
北京市	802.11	21.94	77.64	68 144
天津市	842.47	54.71	45.11	216 900
石家庄市	632.98	36.54	63.24	53 418
唐山市	537.57	51.24	45.83	61 000
秦皇岛市	375.19	35.80	61.24	37 199
邯郸市	823.89	49.96	49.80	51 786
邢台市	613.58	43.94	55.84	19 038
保定市	556.89	53.80	46.06	47 000
张家口市	126.61	32.45	66.27	37 600
承德市	95.17	35.17	63.54	19 100
沧州市	562.77	37.64	60.78	24 435
廊坊市	661.83	46.77	52.89	12 500
衡水市	507.08	35.72	63.87	22 700

附表5　　　　　　　2012 年京津冀地区人口城市化数据

地区	城市人口密度	第二产业就业比重	第三产业就业比重	登记失业人数
单位	人/平方千米	%	%	人
北京市	790.60	22.68	77.01	71 982
天津市	844.56	56.26	43.55	204 000
石家庄市	634.36	37.45	62.26	53 394
唐山市	550.60	53.84	43.38	59 545
秦皇岛市	373.26	40.90	58.83	22 389
邯郸市	823.09	38.44	61.45	54 743
邢台市	601.42	45.85	53.88	22 465
保定市	528.33	55.16	44.68	47 228
张家口市	127.03	36.81	61.97	30 393
承德市	95.31	31.97	66.48	19 408
沧州市	529.68	39.46	58.92	23 720
廊坊市	673.85	46.72	52.92	11 923
衡水市	500.67	37.99	61.63	25 781

附表6　　　　　　　2011 年京津冀地区人口城市化数据

地区	城市人口密度	第二产业就业比重	第三产业就业比重	登记失业人数
单位	人/平方千米	%	%	人
北京市	778.70	24.21	75.45	81 336
天津市	847.31	58.84	40.93	201 100
石家庄市	629.28	35.97	63.55	50 517
唐山市	547.11	52.23	44.51	57 885
秦皇岛市	371.43	37.55	62.01	20 170
邯郸市	812.43	38.04	58.32	52 900
邢台市	592.70	35.26	64.32	21 024
保定市	523.20	48.33	51.50	42 200
张家口市	126.76	36.22	62.55	34 596
承德市	94.65	30.86	67.57	18 367
沧州市	522.89	36.99	61.65	23 117
廊坊市	660.94	47.31	52.34	11 935
衡水市	499.69	36.20	63.24	25 464

附表 7　　　　　　　　2010 年京津冀地区人口城市化数据

地区	城市人口密度	第二产业就业比重	第三产业就业比重	登记失业人数
单位	人/平方千米	%	%	人
北京市	766.44	23.39	76.11	77 255
天津市	837.46	47.53	52.13	160 983
石家庄市	624.15	36.97	62.54	50 929
唐山市	545.58	51.33	45.06	57 885
秦皇岛市	383.22	37.55	61.78	18 911
邯郸市	798.79	39.44	60.12	50 482
邢台市	586.28	34.86	64.68	21 110
保定市	564.04	41.48	58.12	42 605
张家口市	126.37	35.38	62.99	32 652
承德市	94.31	31.69	66.29	24 604
沧州市	520.10	33.46	64.39	18 919
廊坊市	651.77	42.09	57.45	11 945
衡水市	499.38	25.01	74.39	21 323

附表 8　　　　　　　　2009 年京津冀地区人口城市化数据

地区	城市人口密度	第二产业就业比重	第三产业就业比重	登记失业人数
单位	人/平方千米	%	%	人
北京市	759.14	23.44	76.03	81 550
天津市	833.20	47.70	51.94	150 000
石家庄市	616.74	37.08	62.41	50 865
唐山市	544.76	52.24	43.70	58 178
秦皇岛市	381.82	37.01	62.50	18 539
邯郸市	781.60	40.55	58.98	47 495
邢台市	575.55	35.70	63.78	20 080
保定市	561.25	41.70	57.70	42 308
张家口市	125.38	35.36	62.90	32 244
承德市	94.04	32.02	65.81	24 648
沧州市	510.57	34.88	62.90	20 916
廊坊市	642.91	35.37	64.14	11 938
衡水市	494.92	25.98	73.45	17 654

附表 9 　　　　　　　　　2008 年京津冀地区人口城市化数据

地区	城市人口密度	第二产业就业比重	第三产业就业比重	登记失业人数
单位	人／平方千米	％	％	人
北京市	792.06	24.59	74.95	103 250
天津市	823.87	46.92	52.72	129 900
石家庄市	609.84	38.65	60.80	35 449
唐山市	541.43	50.76	44.82	56 256
秦皇岛市	379.97	35.75	63.55	19 976
邯郸市	769.42	42.72	56.75	43 370
邢台市	568.09	34.67	64.49	21 890
保定市	554.67	43.09	56.37	39 684
张家口市	124.66	36.96	61.20	31 409
承德市	93.40	31.78	65.97	23 833
沧州市	505.30	37.67	60.15	22 000
廊坊市	635.06	30.95	68.50	11 912
衡水市	490.65	26.24	73.14	18 647

附表 10 　　　　　　　　　2007 年京津冀地区人口城市化数据

地区	城市人口密度	第二产业就业比重	第三产业就业比重	登记失业人数
单位	人／平方千米	％	％	人
北京市	739.30	26.46	73.04	106 275
天津市	845.56	49.60	50.03	104 619
石家庄市	602.63	40.06	59.42	31 256
唐山市	537.90	51.23	44.11	54 282
秦皇岛市	376.59	35.24	63.94	17 807
邯郸市	743.13	45.64	53.75	40 920
邢台市	556.37	33.67	65.36	20 800
保定市	545.78	41.64	57.82	39 269
张家口市	123.99	38.27	59.93	31 000
承德市	92.77	34.90	62.70	20 857
沧州市	498.26	39.31	58.29	18 200
廊坊市	625.07	30.11	69.19	10 751
衡水市	484.61	27.26	72.08	9 496

附表 11　　　　　　　　2006 年京津冀地区人口城市化数据

地区	城市人口密度	第二产业就业比重	第三产业就业比重	登记失业人数
单位	人/平方千米	%	%	人
北京市	729.75	27.64	71.84	103 986
天津市	796.25	50.45	49.18	116 700
石家庄市	529.82	40.37	59.10	22 653
唐山市	533.79	51.06	44.13	53 498
秦皇岛市	372.91	35.19	63.89	16 133
邯郸市	732.98	46.71	52.63	39 305
邢台市	547.25	33.93	65.10	22 810
保定市	537.35	41.67	57.68	37 662
张家口市	123.02	38.88	59.37	48 611
承德市	91.97	34.03	63.23	19 626
沧州市	491.60	39.53	57.83	17 651
廊坊市	615.49	29.24	70.11	5 840
衡水市	479.40	27.94	71.41	8 111

附表 12　　　　　　　　2016 年京津冀地区经济城市化数据

地区	人均地区生产总值	单位规模以上工业产值	第二产业占GDP比重	第三产业占GDP比重	地区生产总值增长率
单位	元	万元/万人	%	%	%
北京市	118 198	132 701.92	19.26	80.23	6.80
天津市	115 053	262 468.20	42.33	56.44	9.10
石家庄市	55 177	92 917.03	45.45	46.44	6.80
唐山市	81 239	131 153.72	55.07	35.50	6.80
秦皇岛市	73 755	48 284.86	34.73	50.75	7.00
邯郸市	35 265	47 915.38	47.24	40.26	6.08
邢台市	27 038	37 229.07	46.86	38.49	7.10
保定市	29 992	39 117.66	48.37	38.61	7.20
张家口市	33 142	26 735.82	37.32	44.53	7.00
承德市	40 741	45 532.20	45.79	37.68	6.95
沧州市	47 425	72 960.11	49.59	41.70	7.90
廊坊市	58 972	80678.11	44.07	48.60	8.00
衡水市	31 955	39 412.92	47.06	39.96	7.80

附表 13　　　　　　　　　　2015 年京津冀地区经济城市化数据

地区	人均地区生产总值	单位规模以上工业产值	第二产业占GDP 比重	第三产业占GDP 比重	地区生产总值增长率
单位	元	万元/万人	%	%	%
北京市	106 497	129 717.71	19.74	79.65	6.90
天津市	107 960	275 023.18	46.58	52.15	9.30
石家庄市	51 043	91 466.84	45.08	45.84	7.50
唐山市	78 398	123 533.90	55.13	35.55	5.60
秦皇岛市	40 746	47 664.86	35.59	50.20	5.50
邯郸市	33 450	45 395.38	47.16	10.03	6.76
邢台市	24 256	34 635.68	44.97	39.41	6.00
保定市	29 067	34 272.77	50.02	38.20	7.00
张家口市	30 840	28 705.83	40.01	42.12	5.80
承德市	38 505	44 352.06	46.84	35.82	5.54
沧州市	44 819	74 760.87	49.58	40.80	7.70
廊坊市	54 460	80 092.39	44.56	47.10	8.80
衡水市	27 543	39 524.92	46.15	40.00	7.60

附表 14　　　　　　　　　　2014 年京津冀地区经济城市化数据

地区	人均地区生产总值	单位规模以上工业产值	第二产业占GDP 比重	第三产业占GDP 比重	地区生产总值增长率
单位	元	万元/万人	%	%	%
北京市	99 995	138 389.82	21.31	77.95	7.30
天津市	105 231	275 745.33	49.38	49.34	10.00
石家庄市	48 970	88 032.13	46.76	43.81	7.90
唐山市	80 450	137 247.28	57.57	33.27	5.10
秦皇岛市	39 282	52 846.33	37.44	48.01	5.00
邯郸市	32 943	50 449.18	50.11	36.80	6.50
邢台市	22 758	35 196.74	47.36	36.04	6.00
保定市	26 501	38 262.97	51.50	34.48	7.10
张家口市	30 540	29 916.88	42.66	39.58	5.24
承德市	38 128	47 163.46	49.98	33.20	7.84
沧州市	42 676	73 926.13	51.97	37.89	8.00
廊坊市	48 407	80 845.27	48.06	42.50	8.20
衡水市	26 022	38 436.47	47.86	37.65	8.20

附表 15　　　　　　　　　　2013 年京津冀地区经济城市化数据

地区	人均地区 生产总值	单位规模以上 工业产值	第二产业占 GDP 比重	第三产业占 GDP 比重	地区生产 总值增长率
单位	元	万元/万人	%	%	%
北京市	148 484	131 967.54	22.32	76.85	9.07
天津市	143 129	261 229.64	50.64	48.05	11.45
石家庄市	48 491	76 003.73	48.51	41.44	8.08
唐山市	82 831	141 200.41	58.70	32.27	4.43
秦皇岛市	39 889	51 537.01	38.29	47.03	2.58
邯郸市	30 800	51 295.84	51.34	35.76	1.23
邢台市	21 030	35 335.38	52.38	31.74	4.73
保定市	24 951	35 513.06	54.36	31.54	6.74
张家口市	28 201	28 567.50	42.13	39.56	6.76
承德市	33 653	48 910.30	51.08	32.38	7.63
沧州市	39 960	70 418.77	52.77	37.34	7.13
廊坊市	46 046	81 523.79	52.60	37.16	8.29
衡水市	23 889	36 581.50	52.18	32.10	5.86

附表 16　　　　　　　　　　2012 年京津冀地区经济城市化数据

地区	人均地区 生产总值	单位规模以上 工业产值	第二产业占 GDP 比重	第三产业占 GDP 比重	地区生产 总值增长率
单位	元	万元/万人	%	%	%
北京市	87 475	120 202.02	22.70	76.46	7.73
天津市	93 173	235 879.00	51.68	46.99	13.80
石家庄市	43 552	76 028.51	49.79	40.16	10.38
唐山市	76 643	134 306.31	59.26	31.72	10.40
秦皇岛市	37 804	51 538.73	39.29	47.33	9.10
邯郸市	32 650	54 312.30	53.59	33.71	10.50
邢台市	21 361	33 242.33	54.15	30.16	9.50
保定市	24 053	35 095.57	54.98	31.12	10.50
张家口市	28 139	25 609.37	42.89	40.13	10.00
承德市	33 791	45 279.04	52.91	31.42	10.50
沧州市	38 949	60 542.95	52.59	36.06	10.60
廊坊市	40 598	73 137.40	53.98	34.96	9.70
衡水市	23 101	30 917.27	51.72	29.58	10.40

附表 17　　　　　　　　　　**2011 年京津冀地区经济城市化数据**

地区	人均地区生产总值	单位规模以上工业产值	第二产业占GDP 比重	第三产业占GDP 比重	地区生产总值增长率
单位	元	万元/万人	%	%	%
北京市	81 658	113 574.05	23.09	76.07	8.10
天津市	85 213	209 381.22	52.43	46.16	16.40
石家庄市	39 919	72 802.21	49.77	40.07	12.01
唐山市	71 565	129 882.98	60.08	30.98	11.70
秦皇岛市	35 691	48 725.44	39.20	47.72	12.00
邯郸市	30 270	51 992.23	54.77	32.66	12.15
邢台市	20 027	30 599.76	55.52	29.16	11.60
保定市	21 796	31 255.74	54.63	31.36	12.00
张家口市	25 649	23 795.59	44.20	39.69	11.50
承德市	31 705	43 044.19	54.83	30.18	12.10
沧州市	36 053	50 453.93	52.56	36.00	12.30
廊坊市	36 773	65 615.55	54.33	34.85	8.00
衡水市	21 334	28 437.44	52.56	28.65	12.13

附表 18　　　　　　　　　　**2010 年京津冀地区经济城市化数据**

地区	人均地区生产总值	单位规模以上工业产值	第二产业占GDP 比重	第三产业占GDP 比重	地区生产总值增长率
单位	元	万元/万人	%	%	%
北京市	75 943	108 919.06	24.01	75.11	10.30
天津市	72 994	170 095.10	52.47	45.95	17.40
石家庄市	33 915	57 173.18	48.63	40.51	12.24
唐山市	59 389	102 653.51	58.14	32.42	13.10
秦皇岛市	31 182	39 248.92	39.53	46.86	12.30
邯郸市	26 143	42 629.21	54.21	32.75	13.10
邢台市	17 189	24 105.53	55.61	28.74	12.20
保定市	18 451	24 761.75	51.60	33.59	14.00
张家口市	22 517	19 174.70	42.96	41.21	14.15
承德市	25 699	32 269.44	51.04	33.28	11.40
沧州市	31 091	38 547.41	50.62	37.91	14.50
廊坊市	31 844	51 772.74	53.57	34.77	12.50
衡水市	18 076	22 275.74	50.65	29.63	13.55

附表 19　　　　　　　　**2009 年京津冀地区经济城市化数据**

地区	人均地区生产总值	单位规模以上工业产值	第二产业占GDP 比重	第三产业占GDP 比重	地区生产总值增长率
单位	元	万元/万人	%	%	%
北京市	70 452	88 608.63	23.50	75.53	10.20
天津市	62 574	133 528.24	53.02	45.27	16.50
石家庄市	30 428	45 667.00	49.58	40.15	11.10
唐山市	51 179	79 290.96	57.76	32.80	11.30
秦皇岛市	27 110	31 700.32	38.74	48.53	9.50
邯郸市	22 779	33 565.12	53.89	33.86	11.20
邢台市	15 174	19 761.97	56.50	28.46	10.00
保定市	1 577	17 973.71	50.37	34.29	11.00
张家口市	18 948	14 799.72	41.83	43.00	10.10
承德市	22 198	26 561.40	51.61	33.48	11.00
沧州市	25 719	30 530.95	48.24	39.75	11.30
廊坊市	27 904	39 815.21	53.42	34.52	108.00
衡水市	15 192	160 476.92	50.80	30.35	9.60

附表 20　　　　　　　　**2008 年京津冀地区经济城市化数据**

地区	人均地区生产总值	单位规模以上工业产值	第二产业占GDP 比重	第三产业占GDP 比重	地区生产总值增长率
单位	元	万元/万人	%	%	%
北京市	63 029	80 109.96	25.68	73.25	8.95
天津市	55 473	125 183.50	60.13	37.94	16.50
石家庄市	28 923	42 461.17	50.19	38.90	10.10
唐山市	48 054	79 457.54	59.34	31.11	13.10
秦皇岛市	27 481	35 134.08	40.54	48.19	12.00
邯郸市	22 651	33 154.77	55.11	33.32	11.10
邢台市	14 312	20 024.97	57.06	27.69	10.10
保定市	14 518	14 945.17	48.30	36.07	12.00
张家口市	17 134	14 861.08	43.97	39.53	11.90
承德市	21 048	29 133.36	60.17	24.83	13.00
沧州市	24 665	28 351.53	50.52	37.75	13.00
廊坊市	25 757	35 392.34	56.64	31.06	11.80
衡水市	14 843	14 869.52	48.91	33.68	9.10

附表 21   2007 年京津冀地区经济城市化数据

地区	人均地区生产总值	单位规模以上工业产值	第二产业占GDP 比重	第三产业占GDP 比重	地区生产总值增长率
单位	元	万元/万人	%	%	%
北京市	58 204	79 328.30	26.83	72.09	13.34
天津市	46 122	105 047.13	57.27	40.54	15.20
石家庄市	24 243	34 487.50	52.17	34.93	13.20
唐山市	37 765	53 032.99	57.42	32.25	15.00
秦皇岛市	23 330	27 683.74	38.87	49.71	13.40
邯郸市	18 406	23 761.80	52.58	34.44	14.70
邢台市	12 978	16 238.34	56.48	27.06	13.00
保定市	12 703	12 201.04	49.68	34.65	11.70
张家口市	13 520	12 064.97	44.91	39.85	12.20
承德市	16 377	19 553.02	56.32	27.10	16.40
沧州市	21 205	22 962.78	51.83	36.82	13.70
廊坊市	21 917	27 886.38	56.65	30.17	15.00
衡水市	13 132	11 880.89	49.52	32.93	3.60

附表 22   2016 年京津冀地区经济城市化数据

地区	人均地区生产总值	单位规模以上工业产值	第二产业占GDP 比重	第三产业占GDP 比重	地区生产总值增长率
单位	元	万元/万人	%	%	%
北京市	50 467	68 553.75	27.84	70.91	12.80
天津市	41 163	89 870.25	57.08	40.21	14.50
石家庄市	21 000	27 255.52	48.35	38.94	13.40
唐山市	32 429	45 783.66	58.02	31.14	14.60
秦皇岛市	19 745	20 353.18	37.76	51.70	12.60
邯郸市	15 642	17 561.80	52.10	35.19	14.90
邢台市	11 598	13 034.34	57.95	25.12	13.00
保定市	11 146	10 113.52	48.95	33.72	10.20
张家口市	11 580	9 319.86	44.37	39.27	13.80
承德市	12 688	13 453.56	52.46	29.79	18.10
沧州市	18 658	18 760.11	53.38	35.10	15.20
廊坊市	18 327	21 810.65	55.85	29.46	15.20
衡水市	12 944	10 876.82	51.88	30.13	7.60

附表 23　　　　　　　2016 年京津冀地区经济城市化数据

地区	人均科学技术支出	人均教育支出	每万人在校大学生	公园绿地面积
单位	元/人	元/人	人	公顷
北京市	2 096.69	6 510.46	439.61	30 069
天津市	1 198.98	4 813.12	492.19	9 630
石家庄市	117.82	1 533.58	425.64	4 474
唐山市	112.95	1 535.72	152.47	3 024
秦皇岛市	97.83	1 624.86	517.12	2 136
邯郸市	41.94	1 010.91	54.39	3 435
邢台市	31.10	1 046.81	62.02	1 103
保定市	31.03	1 083.32	178.56	1 640
张家口市	47.94	1 517.52	37.37	1 194
承德市	62.88	1 586.25	112.44	1 410
沧州市	55.87	1 367.70	100.34	653
廊坊市	162.67	1 678.85	—	785
衡水市	37.44	1 099.93	34.28	566

附表 24　　　　　　　2015 年京津冀地区经济城市化数据

地区	人均科学技术支出	人均教育支出	每万人在校大学生	公园绿地面积
单位	元/人	元/人	人	公顷
北京市	2 139.43	6 360.88	441.16	29 503
天津市	1 176.55	4 941.47	499.42	8 865
石家庄市	87.95	1 323.43	408.02	4 393
唐山市	85.04	1 632.23	147.59	2 981
秦皇岛市	31.10	1 435.05	524.94	2 131
邯郸市	39.35	958.39	55.73	3 015
邢台市	17.70	979.54	60.68	1 102
保定市	18.53	1 015.78	145.21	1 906
张家口市	25.16	1 629.87	144.21	1 094
承德市	40.71	1 491.77	107.61	1 399
沧州市	23.83	1 336.01	71.65	602
廊坊市	90.23	1 608.64	338.69	741
衡水市	18.81	960.70	60.14	567

附表 25 　　　　　　　2014 年京津冀地区经济城市化数据

地区	人均科学技术支出	人均教育支出	每万人在校大学生	公园绿地面积
单位	元/人	元/人	人	公顷
北京市	2 045.24	5 565.13	445.93	26 910
天津市	1 072.06	5 085.14	497.49	7 652
石家庄市	71.14	1 171.72	384.04	4 320
唐山市	108.32	1 447.05	146.84	2 978
秦皇岛市	64.25	1 214.83	525.25	2 018
邯郸市	65.70	879.49	57.12	2 984
邢台市	24.85	730.26	60.42	1 046
保定市	18.98	727.39	134.72	1 328
张家口市	32.44	1 098.06	99.02	1 085
承德市	43.76	1 222.15	106.65	1 371
沧州市	45.49	979.78	104.76	601
廊坊市	65.37	1 194.88	197.6	716
衡水市	18.20	809.36	55.68	448

附表 26 　　　　　　　2013 年京津冀地区经济城市化数据

地区	人均科学技术支出	人均教育支出	每万人在校大学生	公园绿地面积
单位	元/人	元/人	人	公顷
北京市	1 782.83	5 174.94	300.95	20 413
天津市	924.39	4 595.19	284.87	7 279
石家庄市	79.81	1 157.85	346.79	3 783
唐山市	122.48	1 316.52	431.98	2 972
秦皇岛市	47.44	1 142.23	259.73	1 980
邯郸市	54.33	859.91	221.44	2 983
邢台市	16.83	716.36	219.90	1 068
保定市	21.11	671.70	119.91	1 270
张家口市	29.12	1 062.96	143.82	1 080
承德市	56.65	1 397.38	275.93	1 320
沧州市	27.43	934.24	198.66	580
廊坊市	74.89	1 269.59	156.11	691
衡水市	17.67	761.54	575.74	447

附表 27　　　　　　　**2012 年京津冀地区经济城市化数据**

地区	人均科学技术支出	人均教育支出	每万人在校大学生	公园绿地面积
单位	元/人	元/人	人	公顷
北京市	1 541.00	4 845.09	448.43	19 576
天津市	769.76	3 813.42	476.35	6 846
石家庄市	74.66	1 087.03	393.46	3 557
唐山市	142.75	1 315.08	169.22	2 960
秦皇岛市	41.11	1 197.92	534.18	1 929
邯郸市	48.91	960.17	62.16	3 281
邢台市	15.80	767.59	66.14	1 020
保定市	16.25	673.71	121.26	1 108
张家口市	27.83	1 102.35	97.14	970
承德市	41.67	1 365.35	109.47	1 344
沧州市	19.84	991.07	68.90	610
廊坊市	77.77	1 298.31	242.56	691
衡水市	16.58	830.65	36.51	434

附表 28　　　　　　　**2011 年京津冀地区经济城市化数据**

地区	人均科学技术支出	人均教育支出	每万人在校大学生	公园绿地面积
单位	元/人	元/人	人	公顷
北京市	1 432.62	4 069.78	452.79	18 193
天津市	603.90	3 034.16	451.31	6 825
石家庄市	63.38	877.52	389.3	3 603
唐山市	84.05	1 062.32	143.64	2 920
秦皇岛市	37.23	881.22	309.94	1 870
邯郸市	27.24	715.66	63.3	3 211
邢台市	14.62	681.85	65.65	1 006
保定市	13.40	567.38	143.26	1 558
张家口市	21.57	868.77	96.45	948
承德市	36.60	1 036.54	107.6	1 273
沧州市	15.41	740.03	66.71	591
廊坊市	65.70	1 022.10	247.29	683
衡水市	15.19	675.22	40.32	447

附表 29　　　　　　**2011 年京津冀地区经济城市化数据**

地区	人均科学技术支出	人均教育支出	每万人在校大学生	公园绿地面积
单位	元/人	元/人	人	公顷
北京市	1 411.57	3 453.42	459.40	19 020
天津市	431.94	2 113.52	435.83	5 266
石家庄市	30.32	287.73	377.01	3 530
唐山市	49.75	434.53	132.84	2 981
秦皇岛市	25.02	377.32	305.84	1 793
邯郸市	8.43	171.63	63.21	2 988
邢台市	3.38	94.41	64.35	1 006
保定市	15.56	90.17	140.08	1 491
张家口市	3.89	118.76	96.67	946
承德市	9.73	218.65	101.28	4 150
沧州市	9.43	149.44	63.43	582
廊坊市	18.52	212.60	235.34	674
衡水市	8.53	125.98	39.95	424

附表 30　　　　　　**2009 年京津冀地区经济城市化数据**

地区	人均科学技术支出	人均教育支出	每万人在校大学生	公园绿地面积
单位	元/人	元/人	人	公顷
北京市	1 013.84	2 935.13	463.27	18 070
天津市	346.95	1 771.78	414.32	5 219
石家庄市	39.63	626.71	375.00	2 904
唐山市	48.88	700.32	124.15	2 718
秦皇岛市	20.84	621.40	307.18	1 289
邯郸市	21.37	524.72	62.84	1 916
邢台市	13.38	436.80	63.77	773
保定市	7.79	392.77	139.90	1 063
张家口市	66.77	575.55	96.97	722
承德市	25.59	731.00	95.54	1 238
沧州市	14.09	574.63	59.90	385
廊坊市	49.88	690.02	255.87	620
衡水市	12.63	475.62	38.62	374

附表 31　　　　　　　**2008 年京津冀地区经济城市化数据**

地区	人均科学技术支出	人均教育支出	每万人在校大学生	公园绿地面积
单位	元/人	元/人	人	公顷
北京市	863.09	2 433.32	442.85	12 316
天津市	295.74	1 462.51	398.85	—
石家庄市	42.34	508.57	332.82	2 175
唐山市	53.52	638.40	124.70	2 075
秦皇岛市	17.73	559.19	273.80	1 088
邯郸市	19.23	421.63	61.65	1 761
邢台市	8.94	372.73	61.61	589
保定市	7.92	345.97	131.08	908
张家口市	14.14	452.54	89.15	628
承德市	23.45	694.92	90.31	1 208
沧州市	12.82	530.08	52.93	254
廊坊市	36.43	618.33	202.70	576
衡水市	11.32	363.97	37.87	240

附表 32　　　　　　　**2007 年京津冀地区经济城市化数据**

地区	人均科学技术支出	人均教育支出	每万人在校大学生	公园绿地面积
单位	元/人	元/人	人	公顷
北京市	747.92	2 167.75	468.06	12 101
天津市	232.91	1 147.17	386.96	3 739
石家庄市	33.05	421.62	331.71	1 867
唐山市	40.70	495.40	114.04	1 883
秦皇岛市	18.53	397.80	287.17	792
邯郸市	17.58	347.14	61.05	1 709
邢台市	8.25	288.97	55.76	589
保定市	5.54	258.93	125.51	849
张家口市	9.21	366.76	73.80	415
承德市	19.25	509.69	84.25	930
沧州市	11.54	381.87	46.71	212
廊坊市	34.08	444.45	185.47	533
衡水市	9.42	305.87	35.67	240

附表 33 　　　　　2006 年京津冀地区经济城市化数据

地区	人均科学技术支出	人均教育支出	每万人在校大学生	公园绿地面积
单位	元/人	元/人	人	公顷
北京市	161. 35	1 462. 72	463. 18	14 234
天津市	34. 84	859. 77	376. 63	1 100
石家庄市	4. 83	285. 86	311. 46	1 863
唐山市	4. 57	325. 19	110. 33	1 760
秦皇岛市	2. 66	329. 94	279. 42	716
邯郸市	2. 42	219. 31	74. 91	1 535
邢台市	1. 29	190. 99	53. 31	462
保定市	1. 11	178. 89	122. 20	800
张家口市	4. 76	219. 88	68. 99	399
承德市	3. 37	322. 07	75. 29	910
沧州市	3. 46	258. 56	35. 54	190
廊坊市	5. 83	327. 76	164. 67	482
衡水市	2. 55	221. 69	23. 15	213

附表 34 　　　　　2016 年京津冀地区循环经济发展水平数据

地区	生态环境指标			资源循环利用		
	工业废水排放量	工业二氧化硫排放量	工业烟尘排放量	固体废物综合利用率	污水处理厂集中处理率	生活垃圾无害化处理率
单位	万吨	吨	吨	%	%	%
北京市	8 515	10 257	7 874	—	90. 00	99. 84
天津市	18 022	54 539	57 280	98. 99	—	94. 00
石家庄市	13 022	85 815	52 705	94. 96	96. 09	99. 54
唐山市	13 269	125 432	447 920	70. 79	98. 00	100. 00
秦皇岛市	3 902	24 127	48 524	81. 89	96. 60	100. 00
邯郸市	4 806	71 485	117 504	85. 70	97. 20	96. 67
邢台市	9 289	60 997	81 860	96. 03	96. 35	100. 00
保定市	7 419	27 999	14 050	98. 84	90. 08	93. 31
张家口市	3 486	20 171	31 475	57. 16	94. 20	95. 50
承德市	1 384	47 879	40 963	27. 50	92. 83	95. 62
沧州市	4 512	21 832	13 390	59. 73	99. 91	100. 00
廊坊市	4 485	23 654	27 993	94. 29	84. 08	100. 00
衡水市	2 216	9 563	7 133	98. 97	—	100. 00

附表 35　　　　　　　　2015 年京津冀地区循环经济发展水平数据

地区	生态环境指标			资源循环利用		
	工业废水排放量	工业二氧化硫排放量	工业烟尘排放量	固体废物综合利用率	污水处理厂集中处理率	生活垃圾无害化处理率
单位	万吨	吨	吨	%	%	%
北京市	8 978	22 070	12 987	83.33	87.90	99.80
天津市	18 973	154 605	73 795	98.58	99.00	99.00
石家庄市	21 964	113 652	87 128	98.00	95.42	95.41
唐山市	11 914	214 723	466 902	72.50	95.00	100.00
秦皇岛市	7 264	46 689	1 859 866	68.55	96.17	100.00
邯郸市	6 101	110 193	191 713	97.00	97.62	100.00
邢台市	11 979	76 035	100 738	95.31	96.35	100.00
保定市	10 913	49 850	31 698	93.00	81.76	99.99
张家口市	4 573	61 858	35 693	57.16	94.42	95.00
承德市	1 373	55 393	20 907	21.00	91.56	89.02
沧州市	8 926	32 712	50 879	100.00	100.00	100.00
廊坊市	4 549	38 390	48 205	97.00	32.01	58.95
衡水市	4 554	29 919	12 481	99.30	80.00	100.00

附表 36　　　　　　　　2014 年京津冀地区循环经济发展水平数据

地区	生态环境指标			资源循环利用		
	工业废水排放量	工业二氧化硫排放量	工业烟尘排放量	固体废物综合利用率	污水处理厂集中处理率	生活垃圾无害化处理率
单位	万吨	吨	吨	%	%	%
北京市	9 174	40 347	22 710	87.67	86.10	99.59
天津市	19 011	195 395	112 129	98.91	100.00	96.23
石家庄市	24 024	156 030	104 277	95.10	95.85	71.98
唐山市	13 973	250 761	536 092	70.00	95.00	100.00
秦皇岛市	6 273	65 512	59 221	65.00	98.38	157.94
邯郸市	6 388	145 946	301 827	95.00	97.56	100.00
邢台市	14 323	90 924	131 568	95.29	93.28	99.02
保定市	14 200	64 676	53 790	86.20	31.39	82.37
张家口市	6 204	75 894	51 654	44.10	91.60	88.00
承德市	1 560	71 938	76 895	6.00	32.34	88.41
沧州市	9 490	39 803	63 451	99.88	99.04	93.55
廊坊市	5 149	46 320	38 713	100.00	93.50	29.41
衡水市	4 966	34 636	22 720	99.60	81.20	100.00

附表 37　　　　　　　　　2013 年京津冀地区循环经济发展水平数据

地区	生态环境指标			资源循环利用		
	工业废水排放量	工业二氧化硫排放量	工业烟尘排放量	固体废物综合利用率	污水处理厂集中处理率	生活垃圾无害化处理率
单位	万吨	吨	吨	%	%	%
北京市	9 486	52 041	27 182	86.58	84.60	99.30
天津市	18 692	207 793	62 766	99.39	89.20	96.80
石家庄市	27 753	181 532	105 012	98.61	95.17	73.54
唐山市	12 589	282 806	478 574	73.32	95.50	88.34
秦皇岛市	6 156	72 501	78 092	49.32	95.59	90.22
邯郸市	7 125	184 980	213 885	95.40	97.52	100.00
邢台市	14 318	91 811	98 121	94.47	91.18	99.86
保定市	14 271	79 253	39 071	89.64	92.00	68.91
张家口市	6 032	77 689	42 559	38.93	100.00	87.58
承德市	1 638	72 424	32 032	5.49	88.11	85.86
沧州市	8 925	40 689	54 621	99.58	97.99	74.44
廊坊市	5 066	48 607	24 139	98.90	91.12	27.16
衡水市	5 659	32 996	16 045	99.77	88.00	65.52

附表 38　　　　　　　　　2012 年京津冀地区循环经济发展水平数据

地区	生态环境指标			资源循环利用		
	工业废水排放量	工业二氧化硫排放量	工业烟尘排放量	固体废物综合利用率	污水处理厂集中处理率	生活垃圾无害化处理率
单位	万吨	吨	吨	%	%	%
北京市	9 190	59 330	30 844	78.96	83.00	99.12
天津市	19 117	215 481	59 036	99.62	87.40	99.80
石家庄市	31 058	179 942	98 364	49.47	95.86	100.00
唐山市	19 396	313 051	409 921	—	94.81	91.33
秦皇岛市	6 055	71 727	78 836	37.04	32.54	100.00
邯郸市	5 906	202 792	195 790	50.02	97.51	100.00
邢台市	14 806	99 770	89 289	48.25	84.01	100.00
保定市	15 774	75 312	36 703	48.16	92.00	—
张家口市	6 263	82 994	30 542	23.27	91.31	85.00
承德市	1 421	83 470	28 127	4.74	81.45	100.00
沧州市	11 666	44 476	47 863	49.95	95.88	92.61
廊坊市	5 616	51 098	26 360	49.61	87.31	95.70
衡水市	4 684	34 169	13 937	49.94	80.35	—

附表 39 　　　　　　　 **2011 年京津冀地区循环经济发展水平数据**

地区	生态环境指标			资源循环利用		
	工业废水排放量	工业二氧化硫排放量	工业烟尘排放量	固体废物综合利用率	污水处理厂集中处理率	生活垃圾无害化处理率
单位	万吨	吨	吨	%	%	%
北京市	8 633	61 299	29 405	66. 26	81. 68	98. 24
天津市	19 795	221 897	65 333	99. 79	86. 75	100. 00
石家庄市	25 591	196 763	96 123	—	95. 46	100. 00
唐山市	17 308	331 863	506 490	—	94. 61	91. 33
秦皇岛市	6 380	75 555	69 760	—	92. 53	100. 00
邯郸市	7 250	220 318	221 276	—	97. 48	100. 00
邢台市	14 897	106 528	93 133	92. 25	83. 93	100. 00
保定市	16 395	76 427	37 707	—	91. 97	100. 00
张家口市	5 582	95 524	46 545	—	88. 70	82. 00
承德市	1 715	87 306	47 499	—	79. 12	100. 00
沧州市	11 366	43 616	58 812	—	100. 00	90. 25
廊坊市	7 278	48 812	27 615	—	87. 09	96. 87
衡水市	4 788	34 333	18 543	—	87. 56	18. 11

附表 40 　　　　　　　 **2010 年京津冀地区循环经济发展水平数据**

地区	生态环境指标			资源循环利用		
	工业废水排放量	工业二氧化硫排放量	工业烟尘排放量	固体废物综合利用率	污水处理厂集中处理率	生活垃圾无害化处理率
单位	万吨	吨	吨	%	%	%
北京市	8 198	56 844	21 266	65. 82	80. 98	96. 95
天津市	19 680	217 620	53 831	98. 57	83. 00	100. 00
石家庄市	19 254	137 934	32 631	93. 36	95. 30	100. 00
唐山市	18 170	238 061	98 670	80. 55	94. 11	100. 00
秦皇岛市	5 608	44 737	11 365	59. 57	92. 10	100. 00
邯郸市	7 686	161 805	34 697	89. 97	91. 74	100. 00
邢台市	9 293	96 139	36 357	94. 62	84. 51	100. 00
保定市	17 866	53 984	14 652	70. 78	89. 88	100. 00
张家口市	6 983	92 997	28 188	33. 27	87. 50	80. 13
承德市	6 290	71 294	21 383	12. 20	86. 63	99. 05
沧州市	6 871	25 832	6 134	99. 60	85. 07	100. 00
廊坊市	6 662	32 302	9 855	99. 41	86. 11	95. 10
衡水市	6 502	39 053	—	100. 00	86. 51	100. 00

附表 41 　　　　　　2009 年京津冀地区循环经济发展水平数据

地区	生态环境指标			资源循环利用		
	工业废水排放量	工业二氧化硫排放量	工业烟尘排放量	固体废物综合利用率	污水处理厂集中处理率	生活垃圾无害化处理率
单位	万吨	吨	吨	%	%	%
北京市	8 713	59 922	19 077	68.87	77.85	98.22
天津市	19 441	172 980	58 687	98.31	80.10	94.30
石家庄市	19 045	143 513	31 305	92.50	83.28	100.00
唐山市	20 047	243 702	105 689	80.53	92.50	91.13
秦皇岛市	5 130	45 161	10 471	78.90	89.20	96.93
邯郸市	7 733	160 121	35 280	88.78	84.10	100.00
邢台市	8 678	100 454	41 891	94.48	84.01	85.00
保定市	13 448	58 420	12 125	69.88	89.02	100.00
张家口市	9 791	114 677	15 310	43.10	82.28	69.80
承德市	6 098	76 352	30 675	30.64	82.96	90.52
沧州市	8 098	23 905	5 271	99.57	76.98	90.89
廊坊市	5 971	32 417	9 824	99.39	85.75	94.93
衡水市	5 613	44 159	31 646	99.87	89.97	9.40

附表 42 　　　　　　2008 年京津冀地区循环经济发展水平数据

地区	生态环境指标			资源循环利用		
	工业废水排放量	工业二氧化硫排放量	工业烟尘排放量	固体废物综合利用率	污水处理厂集中处理率	生活垃圾无害化处理率
单位	万吨	吨	吨	%	%	%
北京市	8 367	57 783	19 983	66.43	74.52	97.71
天津市	20 433	209 844	58 645	98.12	79.00	93.50
石家庄市	20 957	170 950	39 344	90.77	77.00	100.00
唐山市	29 365	272 076	122 136	73.27	90.61	86.86
秦皇岛市	4 788	48 373	9 679	83.74	89.00	97.00
邯郸市	9 921	168 816	55 185	87.87	77.00	100.00
邢台市	9 983	108 325	53 668	76.49	81.00	100.00
保定市	12 451	60 278	15 007	76.52	81.00	100.00
张家口市	6 880	132 931	20 756	23.26	76.00	62.00
承德市	7 985	83 896	29 169	34.32	56.04	61.08
沧州市	7 006	25 641	8 804	99.64	77.00	91.00
廊坊市	5 706	34 218	8 408	99.68	83.01	95.05
衡水市	6 267	53 208	34 267	99.74	87.00	—

附表 43　　　　　　　2007 年京津冀地区循环经济发展水平数据

地区	生态环境指标			资源循环利用		
	工业废水排放量	工业二氧化硫排放量	工业烟尘排放量	固体废物综合利用率	污水处理厂集中处理率	生活垃圾无害化处理率
单位	万吨	吨	吨	%	%	%
北京市	9 134	82 909	20 534	74.82	69.56	95.73
天津市	21 444	224 775	62 714	98.42	78.21	93.31
石家庄市	25 734	197 227	78 295	95.47	70.63	100.00
唐山市	26 571	287 076	130 350	61.91	84.44	82.35
秦皇岛市	5 652	54 993	10 177	81.74	88.90	100.00
邯郸市	12 260	191 039	70 453	86.75	51.00	91.36
邢台市	9 327	121 929	47 998	67.59	75.00	100.00
保定市	13 316	67 089	20 839	56.62	65.39	100.00
张家口市	5 999	159 865	23 305	32.07	69.55	24.60
承德市	7 592	86 825	30 564	34.92	—	—
沧州市	6 906	26 827	11 350	99.54	60.00	73.04
廊坊市	5 471	43 125	6 977	94.98	80.00	95.05
衡水市	4 710	58 421	33 879	99.92	77.31	—

附表 44　　　　　　　2006 年京津冀地区循环经济发展水平数据

地区	生态环境指标			资源循环利用		
	工业废水排放量	工业二氧化硫排放量	工业烟尘排放量	固体废物综合利用率	污水处理厂集中处理率	生活垃圾无害化处理率
单位	万吨	吨	吨	%	%	%
北京市	10 170	93 755	14 648	80.79	92.48	74.57
天津市	22 978	232 282	66 920	98.41	73.90	85.06
石家庄市	24 196	209 879	86 665	95.84	78.60	100.00
唐山市	28 713	296 038	143 440	61.64	80.50	98.90
秦皇岛市	5 508	52 802	15 740	91.94	84.70	100.00
邯郸市	12 417	198 324	75 885	77.23	67.50	90.50
邢台市	9 171	130 508	57 472	66.37	74.70	—
保定市	16 071	70 186	23 983	84.57	66.40	89.70
张家口市	7 674	156 231	27 602	42.48	52.80	—
承德市	7 057	66 727	25 172	29.64	—	—
沧州市	7 469	27 748	11 842	99.97	66.00	73.00
廊坊市	5 498	48 255	33 718	90.15	75.00	93.00
衡水市	6 566	68 982	47 549	99.96	73.20	—

参考文献

［1］吴传清，曹静．德国经济学家杜能的农业区位理论初传中国史料钩沉［J］．学习月刊．2010（28）：28 – 29．

［2］孟祥林．城市化进程研究［D］．北京：北京师范大学，2006．

［3］李平华，于波．城市区位研究的回顾与评述［J］．城市问题．2006（8）：15 – 20．

［4］张志强，高丹桂．刘易斯二元经济理论再解构［J］．中国石油大学学报（社会科学版）．2008（6）：22 – 26．

［5］董剑．缪尔达尔经济思想评介［D］．北京：对外经济贸易大学，2007．

［6］S M Shafie. A review on paddy residue based power generation：Energy，environment and economic perspective［J］．*Renewable and Sustainable Energy Reviews*，2016，59：1089 – 1100．

［7］杨小凯，黄有光，张玉纲．专业化与经济组织［M］．北京：经济科学出版社，1999．

［8］李格．京津冀协同发展下河北省新型城镇化水平提升策略研究［D］．河北：河北大学，2016．

［9］马宗国，张咏梅．产业集群的理论综述［J］．湖北经济学院学报（人文社会科学版）．2006（1）：14 – 15．

［10］张春梅，张小林，吴启焰，等．发达地区城镇化质量的测度及其提升对策——以江苏省为例［J］．经济地理．2012，32（7）：50 – 55．

［11］Habitat U N. State of The World's Cities 2001［R］．London：Earthscan，2002．

［12］Habitat U N. Urban Indicators Guidelines：Better Information，Better Cities ［R］. Nairobi：Habitat U N，2009.

［13］Marans R W，Stimson R J. Investigating Quality of Urban Life：Theory，methods，and emprical research ［M］. Berlin：Springer Netherlands，2011.

［14］朱林兴，孙林桥. 论中国农村城市化 ［M］. 上海：同济大学出版社，1996.

［15］钱文荣. 中国城市化道路探索 ［M］. 北京：中国农业出版社，2003.

［16］江美球. 城市学 ［M］. 北京：科学普及出版社，1988.

［17］杨重光，廖康玉. 试论具有中国特色的城市化道路 ［J］. 经济研究.1984（8）：57－63.

［18］王维锋. 城市发展规律初探 ［J］. 城市问题.1986（2）：8－11.

［19］陈彤. 论农村城市化的阶段发展规律及特征 ［J］. 人口学刊.1988（6）：39－43.

［20］高珮义. 世界城市化的一般规律与中国的城市化 ［J］. 中国社会科学.1990（5）：127－139.

［21］王圣学. 论城市化的发展规律 ［J］. 人文杂志.1992（1）：66－68.

［22］张京祥. 对我国城市化研究的再考察 ［J］. 地理科学.1998，18（6）：555－560.

［23］王晓玲. 城市化内质性规律探究 ［J］. 城市发展研究.2006，13（2）：81－84.

［24］胡际权. 中国新型城镇化发展研究 ［D］. 重庆：西南农业大学，2005.

［25］张占斌. 中国新型城镇化道路研究 ［M］. 北京：国家行政学院出版社，2013.

［26］黄亚平，林小如. 欠发达山区县域新型城镇化动力机制探讨以湖北省为例 ［J］. 城市规划学刊.2012，37（4）：17－22.

［27］牛文元. 智慧城市是新型城镇化的动力标志 ［J］. 中国科学院院刊.2014，9（1）：34－41.

[28] 倪鹏飞．关于中国新型城镇化的若干思考 [J]．经济纵横．2014（9）：11 – 13．

[29] 孙振华．新型城镇化发展的动力机制及其空间效应 [D]．大连：东北财经大学，2014．

[30] 赵永平，徐盈之．新型城镇化发展水平综合测度与驱动机制研究——基于我国省际 2000—2011 年的经验分析 [J]．中国地质大学学报（社会科学版）．2014，14（1）：116 – 124．

[31] 李长亮．中国省域新型城镇化影响因素的空间计量分析 [J]．经济问题．2015（5）：111 – 116．

[32] 姚士谋，张艳会，陆大道，等．我国新型城镇化的几个关键问题——对李克强总理新思路的解读 [J]．城市观察．2013，27（5）：5 – 13．

[33] 叶裕民．中国城市化质量研究 [J]．中国软科学．2001（7）：27 – 31．

[34] 韩增林，刘天宝．中国地级以上城市城市化质量特征及空间差异 [J]．地理研究．2009，28（6）：1508 – 1515．

[35] 方创琳，王德利．中国城市化发展质量的综合测度与提升路径 [J]．地理研究．2011，30（11）：1931 – 1946．

[36] 郭叶波，魏后凯．中国城镇化质量评价研究述评 [J]．中国社会科学院研究生院学报．2013（2）：37 – 43．

[37] 王富喜，毛爱华，李赫龙，等．基于熵值法的山东省城镇化质量测度及空间差异分析 [J]．地理科学．2013，33（11）：1323 – 1329．

[38] 夏南凯，程上．城镇化质量的指数型评价体系研究——基于浙江省的实证 [J]．城市规划学刊．2014（1）：39 – 45．

[39] 张引，杨庆媛，李闯，等．重庆市新型城镇化发展质量评价与比较分析 [J]．经济地理．2015，35（7）：79 – 86．

[40] 罗茂初．对我国发展小城镇政策的追溯和评价 [J]．人口研究．1988，12（1）：12 – 18．

[41] 聂苏，陈东明．农村城镇化标准及评价指标研究 [J]．中国农村经济．1996（9）：69 – 72．

［42］王炜，李宏伟，刘忠宽，等. 农村城市化综合评价的量化指标研究［J］. 河北农业大学学报.2000，23（2）：86－89.

［43］刘耀彬，李仁东，张守忠. 城市化与生态环境协调标准及其评价模型研究［J］. 中国软科学.2005（5）：140－148.

［44］徐建中，毕琳. 基于因子分析的城市化发展水平评价［J］. 哈尔滨工程大学学报.2006，27（2）：313－318.

［45］李崇明. 基于时间序列分析的可持续城市化综合评价模型及其应用［J］. 科技进步与对策.2010，27（24）：49－52.

［46］［美］Carson R. 寂静的春天［M］. 吕瑞兰，李长生，译. 上海：上海译文出版社，2008.

［47］Deese R S. The artifact of nature：'Spaceship Earth' and the dawn of global environmentalism［J］. *Endeavour*，2009，33（2）：70.

［48］Commoner B. The closing circle：nature，man，and technology［J］. *Closing Circle Nature Man & Technology*，1971，17（9）：757－759.

［49］Kula E. Economics of natural resources and the environment［J］. *International Journal of Clinical & Experimental Hypnosis*，1990，40（1）：21－43.

［50］Poeschl M，Ward S，Owende P. Prospects for expanded utilization of biogas in Germany［J］. *Renewable & Sustainable Energy Reviews*，2010，14（7）：1782－1797.

［51］Kytzia S，Faist M，Baccini P. Economically extended—MFA：a material flow approach for a better understanding of food production chain［J］. *Journal of Cleaner Production*，2004，12：877－889.

［52］Binder C R，Hofer C，Wiek A，et al. Transition towards improved regional wood flows by integrating material flux analysis and agent analysis：the case of Appenzell Ausserrhoden，Switzerland［J］. *Ecological Economics*，2004，49（1）：1－17.

［53］董智勇. 中国循环型城市发展探讨［D］. 内蒙古：内蒙古工业大学，2005.

［54］崔铁宁. 循环型社会及其规划理论和方法［M］. 北京：中国环

境科学出版社，2005.

[55] 诸大建. 从可持续发展到循环型经济 [J]. 世界环境. 2000 (3)：6－12.

[56] 毛如柏. 论循环经济 [M]. 北京：经济科学出版社，2003.

[57] 马凯. 贯彻落实科学发展观推进循环经济发展 [J]. 今日浙江. 2005 (4)：20－21.

[58] 段宁. 物质代谢与循环经济 [J]. 中国环境科学. 2005，25 (3)：320－323.

[59] 任勇，陈燕平，周国梅，等. 我国循环经济的发展模式 [J]. 中国人口·资源与环境. 2005，15 (5)：137－142.

[60] 冯之浚. 论循环经济 [J]. 中国软科学. 2004，10：1－9.

[61] 曲格平. 发展循环经济是 21 世纪的大趋势 [J]. 中国环保产业. 2001，7 (z1)：6－7.

[62] 吴季松. 新循环经济学 [M]. 北京：清华大学出版社，2005.

[63] 朱铁臻. 循环经济的理论基础是生态经济 [J]. 江苏企业管理. 2005 (7)：5－6.

[64] 解振华. 坚持求真务实树立科学发展观推进循环经济发展 [J]. 环境经济. 2004 (8)：12－20.

[65] 张录强. 循环经济：从理想到现实的系统工程 [J]. 经济经纬. 2006 (2)：28－31.

[66] 张连国. 广义循环经济学的科学范式 [M]. 北京：人民出版社，2007.

[67] 范跃进. 循环经济理论基础简论 [J]. 山东理工大学学报（社会科学版）. 2005，21 (2)：10－17.

[68] 吴绍中. 循环经济是经济发展的新增长点 [J]. 社会科学. 1998 (10)：18－19.

[69] 韩玉堂. 我国循环经济理论研究综述 [J]. 经济纵横. 2008，275 (10)：122－124.

[70] 齐建国. 中国循环经济发展的若干理论与实践探索 [J]. 学习与探索. 2005 (2)：160－167.

［71］孙启宏，段宁. 循环经济的主要科学研究问题［J］. 科学学研究. 2005，23（4）：490－494.

［72］李长安. 系统科学与循环经济范式［J］. 特区经济. 2005，5（5）：35－37.

［73］杜世勋，曹利军. 循环经济技术范式和企业持续技术创新研究［J］. 管理评论. 2005，17（2）：37－40.

［74］蓝盛芳，钦佩. 生态系统的能值分析［J］. 应用生态学报. 2001，12（1）：129－131.

［75］陈效逑，乔立佳. 中国经济——环境系统的物质流分析［J］. 自然资源学报. 2000，15（1）：17－23.

［76］于丽英，冯之浚. 城市循环经济评价指标体系的设计［J］. 长沙理工大学学报（社会科学版）. 2005（4）：39－46.

［77］田金方，苏咪咪. 循环经济评价指标体系的设计及评估方法［J］. 统计与决策. 2007（8）：35－36.

［78］张平，朱淼. 基于AHP对循环经济评价指标的选择［J］. 技术经济与管理研究. 2007（1）：60－61.

［79］岳立，高新才，张钦智. 基于熵值法的区域循环经济发展评价——以甘肃省为例［J］. 软科学. 2011，25（10）：74－77.

［80］张晴. 循环经济发展评价的实证研究——以湖南为例［J］. 人民论坛. 2011（23）：162－163.